Dr. Dr. Günther Kohlbecker
Gute Gesunde Zähne

AF199483

BOOKS on DEMAND

Dr. Dr. Günther Kohlbecker

Gute
Gesunde
Zähne

Informationen und Tipps für gute gesunde Zähne

Bibliografische Information der Deutschen Nationalbibliothek:
Die Deutsche Nationalbibliothek verzeichnet diese Publikation in der
Deutschen Nationalbibliografie; detaillierte bibliografische Daten sind im
Internet über http://dnb.dnb.de abrufbar.

Herstellung und Verlag:
BoD – Books on Demand, Norderstedt

ISBN 978-3-7431-4097-4

Inhaltsverzeichnis

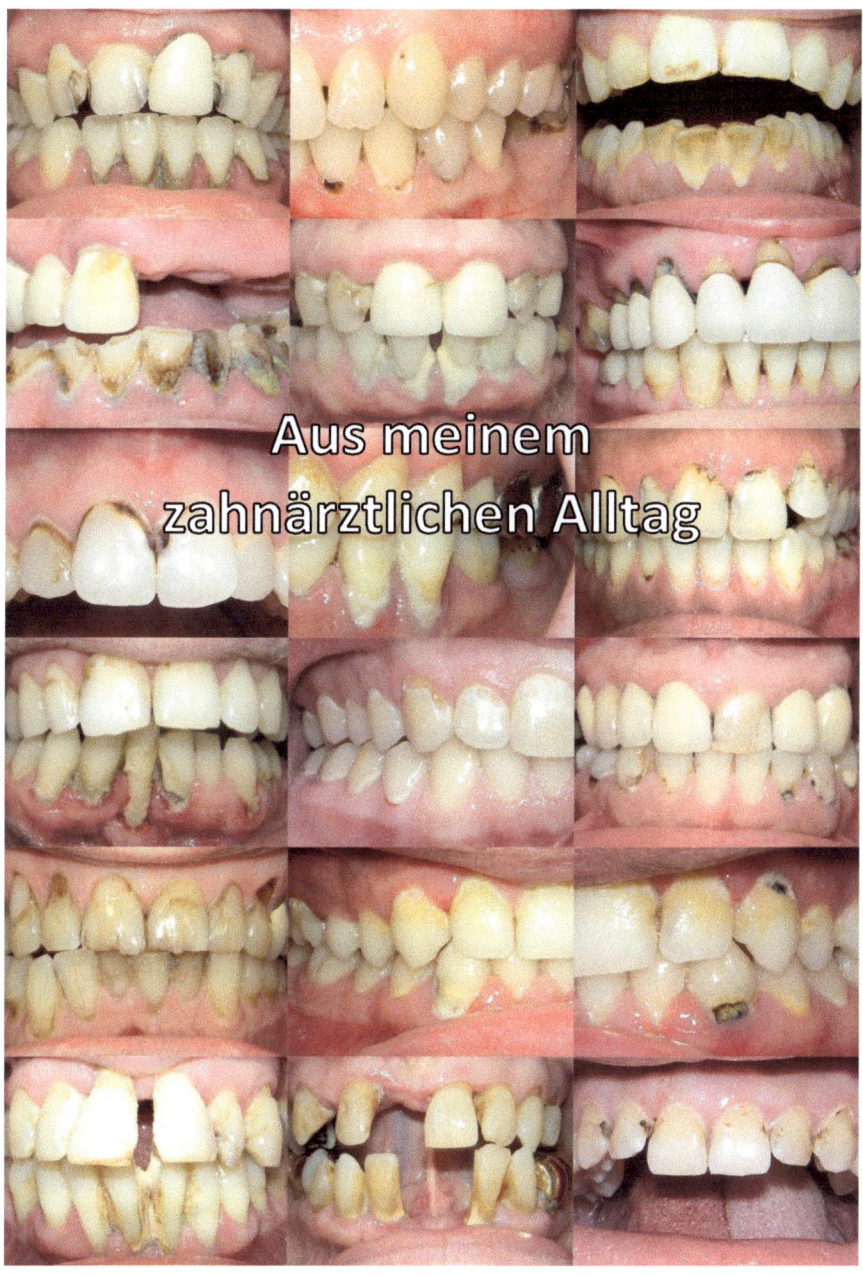

Aus meinem
zahnärztlichen Alltag

So geht Zahnerhaltung

Sie wollen Ihre Zähne gesund erhalten?:
Nichts ist leichter als das. Wenigstens theoretisch.

The name of the game is plaque control!
Übersetzt: Das Spiel heißt Zahnbelagskontrolle
oder konkret:

Saubere Zähne erkranken nicht. Saubere Zähne bleiben gesunde Zähne.

Alle Zähne sind gesund auf die Welt gekommen. Bleibt also "nur", sie gesund zu erhalten.
Dazu müssen Zähne sauber sein – immer!

Ok, zugegeben – es muss noch mehr dazukommen:
Selten Süßes essen, Zähne fluoridieren.

Doch es gilt unwidersprochen:

Basis gesunder Zähne sind immer saubere Zähne.

Mundreinigung anstatt Zähne putzen

Nennen Sie mal heutzutage eine Putzfrau "Putzfrau":
Sie haben sofort eine Diskriminierungsklage am Hals.

"Putzen" gilt als abwertend. Es gibt keine Putzfrau mehr. Noch nicht einmal die Bezeichnung Reinemachefrau wird akzeptiert: Nein, es heißt geschlechtsneutral Reinigungsfachkraft oder Reinigungspersonal. Oder, wie ich neulich lesen konnte: Fachkraft für Hygiene.
Und dann kommen wir mit dem negativ, ja abwertend besetzten "Putzen" daher. Geht gar nicht.

Mundreinigung und **Zahnpflege** anstatt Zähne putzen ist angesagt!

Übrigens:

"**Mundhygiene verbessern**" bedeutet nichts anderes als die schmutzigen Zähne besser zu reinigen.
Darum herumreden, verschwurbelt daherreden nützt niemandem. Klartext!

Was ist Zahnbelag?

Lassen Sie sich durch wissenschaftliche Ausdrücke nicht ins Bockshorn jagen. Zahnärzte sprechen bei schmutzigen Zähnen gern von **Plaque** oder gar von **Biofilm**. Gemeint ist immer Zahnbelag!
Wenn Ihr Zahnarzt sagt, Sie hätten Plaque, dann haben Sie keine besondere Krankheit, sondern **schmutzige Zähne** und damit belegte Zähne, also Zahnbelag. Und Biofilm ist das Gleiche auf wissenschaftlich.

Waren Sie mal abends nach einem tollen Abendessen zu müde, um sich noch die Zähne zu reinigen? Gab es zum Nachtisch wunderbar schmeckende, an den Zähnen klebende süße Sachen? Spätestens am nächsten Morgen wissen Sie, was Zahnbelag ist: Ihre Zähne sind unangenehm schmierig belegt und fühlen sich pelzig an. Und? Ist das schlimm? Schauen Sie sich das Video an, das ich selbst aufgenommen habe und bei YouTube reinstellte: So sieht Zahnbelag in tausendfacher Vergrößerung aus!

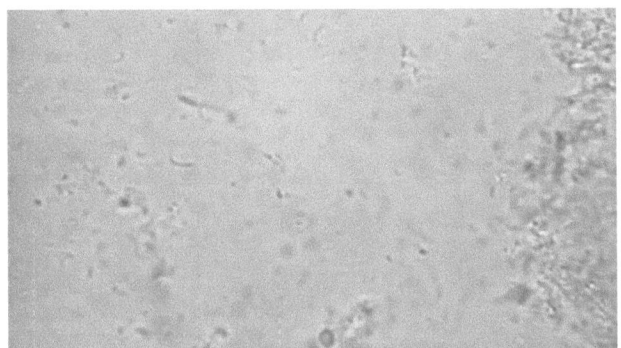

Lebende Mundbakterien im Zahnbelag unterm Mikroskop
https://youtu.be/DwBebC1xQvM

Ein Gewusel aus sich bewegenden **Bakterien!** Ziemlich ungeheuerlich — oder nicht? Zahnbelag besteht tatsächlich aus lebenden Bakterien, massenhaft!

Der Zahnbelag stammt übrigens von einer hübschen Verkäuferin mit leider nicht so hübschen Zähnen. Nun weiß sie, warum ihre Zähne bisher immer wieder Löcher bekommen haben.
Ab sofort hat sie saubere Zähne — bestimmt!

Als der Holländer Antoni van Leeuwenhoek durch die Erfindung des Mikroskops um 1683 zum ersten Mal solche Bilder zeigen konnte, nahm man an, die sich bewegenden Bakterien würden wie Spiralbohrer Löcher in die Zähne bohren und damit Karies verursachen. Ganz so einfach ist es nicht — aber es stimmt insofern, als genau diese Bakterien die Ursache für Karies, also Zahnlöcher, sind. Zur Vermeidung von Karies beseitigt man die Bakterien — **ohne Bakterien keine Karies.** Damit wären wir wieder beim Zähneputzen — Entschuldigung, natürlich bei der Zahnreinigung, bei der Mundhygiene. Fortsetzung folgt...

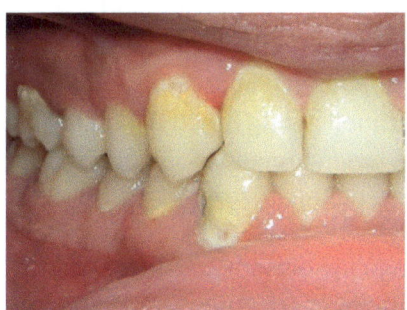 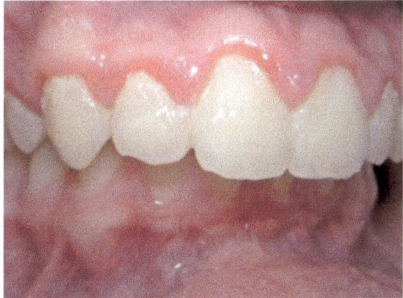

Was ist Zahnstein? Rhabarber und mehr...

Haben Sie schon mal Rhabarber gegessen? Sicher bemerkten Sie danach die stumpfen rauen Zahnoberflächen. Eine halbe bis ganze Stunde später waren die Zähne wieder glatt!

Wie kommt das?

Nun, Rhabarber enthält eine äußerst starke, den Zahnschmelz auflösende Säure. Diese frisst mikroskopisch kleine Löcher in den Zahn und lockert den Schmelz auf. Das fühlt sich dann stumpf und rau an. Spätestens eine Stunde nach dem Verzehr sind diese Fehlstellen durch den Kalk im Speichel wieder aufgefüllt worden und die Zahnoberflächen sind wieder glatt! **Der Kalk im Speichel "remineralisiert"**, wie wir Fachleute sagen. Aber: Der Speichel braucht Zeit zur Remineralisierung.

Als Folgerung daraus ganz wichtig:
Schieben Sie sich nicht unaufhörlich neue **zuckerhaltige Schleckereien** in den Mund. Bakterien in Ihrem Mund stürzen sich darauf und scheiden umgehend Säuren als Abfallprodukt dieser Zuckeraufnahme aus (später mehr darüber). Ergebnis der häufigen **Säurestöße**: Die Zahnoberflächen können nicht mehr schnell genug durch den Kalk im Speichel geglättet, wiederhergestellt werden. Irgendwann kommts zum Loch im Zahn, zu Karies. Wegen der häufigen Zuckerschleckerei!

Zwei weitere interessante Beobachtungen in diesem Zusammenhang: Dass im Speichel **Kalk** enthalten ist, kann man am **Zahnstein** erkennen, der bei hohen Konzentrationen auf den Zähnen abgelagert wird. Zahnstein ist genau dieser Kalk aus dem Speichel! Das ist wie in Tropfsteinhöhlen, wo der überschüssige Kalk aus dem Wasser in Form von Tropfsteinen auskristallisiert.

Und:
Wenn die Speicheldrüsen versiegen, dann beobachten wir einen besonders rasch verlaufenden dramatischen Zahnzerfall durch Karies. Kalkhaltiger Speichel ist also eine wichtige Voraussetzung für gesunde Zähne.

Falls allerdings zu viel **Kalk im Speichel** zu **Zahnsteinablagerungen** führt, müssen diese entfernt werden. Am besten rechtzeitig durch Sie selbst, solange die Ablagerungen noch weich und nicht fest verhärtet sind. Ist bereits harter Zahnstein entstanden, kann Ihnen nur noch in einer Zahnarztpraxis geholfen werden. Dort wird er mit Ultraschall und mit Handinstrumenten von den Zähnen entfernt. Belässt man ihn, vergrößern sich die harten Ablagerungen und verdrängen das Zahnfleisch – bis hin zu Zahnlockerungen. Muss nicht sein.

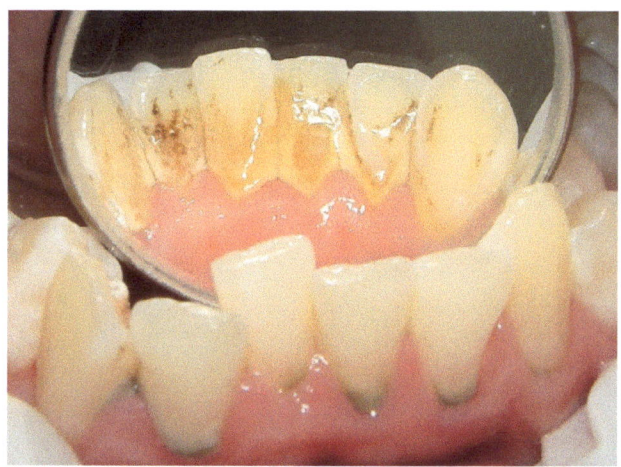

Noch eine Information: Falls Ihr Zahnarzt bei Ihnen "**Konkremente**" feststellt, dann handelt es sich um **Zahnstein auf den Wurzeloberflächen** der Zähne, unterhalb des Zahnfleisches – Alarm! Ohne deren Entfernung droht Zahnausfall!

Woher kommen Konkremente? Nun, das sind die Folgen mangelnder Sauberhaltung sprich Reinigung des Zahnfleischrandes, der Rinnen zwischen Zahnfleisch und Zahn. Den schwarzen Peter haben also Sie. Nicht erfreulich, aber änderbar!

In 2 Minuten zu sauberen Zähnen

Soso, Sie gehören angeblich auch zu denen, die sich 3 Minuten lang die Zähne perfekt reinigen? Das höre ich von fast allen Patienten...

Dabei zeigt die Erfahrung etwas anderes:
Kennen Sie das von sich selbst?:

Zahnbürste in die rechte Hand, mit der linken Zahnpasta draufdrücken. Zuerst werden die oberen Schneidezähne außen mit der Zahnpasta ein- und abgerieben, dann fährt die Zahnbürste nach links in die Wangentasche und los geht's, das kräftige zackige Hin- und Herstoßen. Immer kräftig hin und her. Dann wird in die rechte Wangentasche gewechselt, und auch hier gibt's energische schnelle Vorwärts-Rückwärtsschläge. "Das Leben ist hart, ich bin hart, meine Zahnbürste ist hart." Fest draufdrücken, damit man nicht so lange braucht, ausspucken, mit Wasser nachspülen, geschafft. Zufrieden.

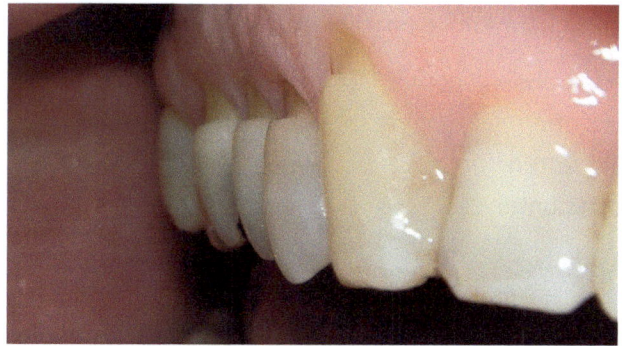

Kaputtgeschrubberte Zahnhälse

So oder so ähnlich spielt sich Zahnreinigung bei Vielen ab – ein gewaltiges Hin- und Herschrubben auf den Zahnaußenseiten. Manchmal zu kurz, manchmal aber auch unnötig lang und meistens unnötig kräftig. Mit einer unnötig harten Zahnbürste. Und auf den Zahninnenseiten bleibt der Zahnbelag ungestört sitzen und macht Mundgeruch. Dafür schmerzen dann die geschundenen abgeriebenen Zahnhälse bei jedem kalten oder heißen Getränk.

Dieses minutenlange wilde Hin- und Herschrubben geschieht oft nicht aus Gedankenlosigkeit, sondern aus dem Wunsch heraus, ja nie zum Zahnarzt zu müssen. Deshalb werden die Zähne wie wild bearbeitet. Und genau das führt dann zu Zahnschäden in Form von schmerzhaften Kerben am Zahnhals.

So ist es besser:

Machen Sie es sich einfacher: 2 Minuten richtig verteilt genügen!

Geht ganz einfach:
2 Minuten sind 4 x eine halbe Minute, also 4 x 30 Sekunden.

Das trifft sich gut:

Zufälligerweise können Sie Ihre Zähne in 4 Gebiete einteilen:

- Rechts oben
- Links oben
- Links unten
- Rechts unten

Mehr gibts nicht!
4 Gebiete sind zu reinigen, 4 x 30 Sekunden haben Sie: Ist doch einfach, nicht wahr?

Also:

- Rechts oben 30 Sekunden
- Links oben 30 Sekunden
- Links unten 30 Sekunden
- Rechts unten 30 Sekunden.

Fertig!
30 Sekunden sind ziemlich genau eine halbe Minute.
Macht zusammen exakt 2 Minuten – wie versprochen!

Es kommt noch toller:
Wenn Sie 30 Sekunden für eine ganze Zahnreihe haben, heißt das:
10 Sekunden für außen, 10 Sekunden für obendrauf, und richtig:
10 Sekunden für innen. Und alles, was mit einer Zahnbürste zu erreichen ist, wird in dieser Zeit wirklich sauber und auch nicht kaputtgeschrubbt!

Es soll ja Menschen geben, die sich nur die vorderen Zähne reinigen. "Die anderen sieht man ja nicht." Und was machen Sie mit Ihrem Mundgeruch durch den Zahnbelag auf den hinteren Zähnen? Ok, reinigen Sie sich halt nur die Zähne, die Sie erhalten möchten.

Das Ganze nochmal etwas anders formuliert: Saubere Zähne in 2 Minuten

Rechts oben anfangen – könnte auch links oben sein

- außen 10 Sekunden
- obendrauf 10 Sekunden
- innen 10 Sekunden

Macht 3 x 10 Sekunden = eine halbe Minute für rechts oben

Links oben gehts weiter:

- außen 10 Sekunden
- obendrauf 10 Sekunden
- innen 10 Sekunden

Macht 3 x 10 Sekunden = eine halbe Minute für links oben

Dann nach links unten:

- außen 10 Sekunden
- obendrauf 10 Sekunden
- innen 10 Sekunden

Macht 3 x 10 Sekunden = eine halbe Minute für links unten

Und nun zuletzt nach rechts unten:

- außen 10 Sekunden
- obendrauf 10 Sekunden
- innen 10 Sekunden

Macht 3 x 10 Sekunden = eine halbe Minute für rechts unten

Nun kommt sicher das "Ja, aber…": Nein, Sie brauchen keine Stoppuhr dafür. Zählen Sie einfach jeweils im Kopf bis auf Zehn. Ideal! Und wenn Sie links oben beginnen, ist das auch egal. Wichtig ist die Botschaft: **Keine Zahnfläche vergessen, alle Zahnflächen gleichmäßig lang reinigen.**

Hilfe – das artet ja in Arbeit aus, werden Sie jetzt denken.
Psst – nicht weitersagen, bevor Sie es nicht selbst getestet haben:
Da gibt es doch tatsächlich elektrische Zahnbürsten bereits um die 50 Euro, die alle 30 Sekunden ein "Blibb" von sich geben und die sich nach 2 Minuten abstellen! Könnte das was für Sie sein?

Und noch ein Tipp, diesmal für die Nerds, die ihr Smartphone auch in das Badezimmer mitnehmen:
Installieren Sie eine App, die speziell zur zeitkontrollierten Zahnreinigung erstellt wurde: Ganz genauso alle 30 Sekunden getaktet. Was will das Technikherz noch mehr?

Zur Zeitdauer der Zahnreinigung gibt es noch eine nette Überlegung:

Nennen wir mal Ihre Zähne die inneren Esswerkzeuge – was wären dann die äußeren Esswerkzeuge?
Richtig: Messer, Gabel, Löffel.
Und jetzt die große Preisfrage: Wie lange werden die äußeren Esswerkzeuge in der Spülmaschine gereinigt?
Richtig: Bis zu zwei Stunden lang! Und zwar nach JEDEM Gebrauch.
Und was passiert mit Ihren Zähnen, den inneren Esswerkzeugen, z.B. nach dem Mittagessen? Auha.

Schwachstellen bei der Zahnreinigung

Ein Zahnarzt untersucht jeden Tag dutzende Münder. Da kommt einiges im Laufe des Berufslebens zusammen. Was immer wieder auffällt:

Am wenigsten werden 2 Stellen im Mund gereinigt:

Die **hinteren Backenzähne** und – Überraschung – die **rechten Eckzähne außen**.

Daneben sind **die unteren Schneidezähne** sowie überall die **Schmutznischen** problematisch: Da braucht es schon etwas Geschick, diese Stellen sauber zu halten.

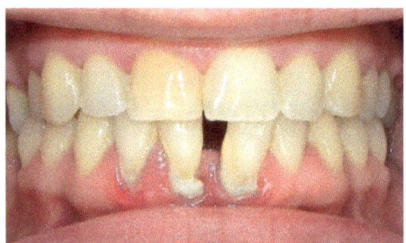 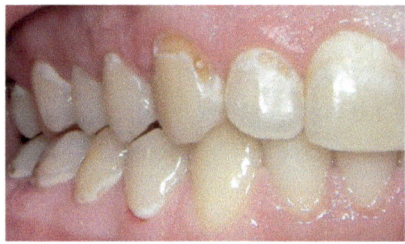

Das kommt so:

Hinten kommt man schlecht ran, und es gibt zudem ganz leicht einen Würgereiz, wenn die Zahnbürste unbewusst an den empfindlichen Rachen stößt: Und schon ists passiert: Man würgt.

Abhilfen:

—   Machen Sie Ihren Mund etwas zu, wenn die Zahnbürste drin ist: Dann können Sie die Wange mit der Bürste abhalten und Sie erreichen die hinteren Stellen genauer.

—   Eine elektrische Zahnbürste, die zur Reinigung der Zähne keine Hin- und Herbewegungen erfordert, kann helfen, die letzten Zähne auch auf deren Rückseite zu säubern.

– Haben Sie morgens oder abends die größten Probleme mit Würgereiz? Die meisten Menschen reinigen die rachennahen Teile der Zahnreihen am liebsten abends und sagen, dass sie dann weniger empfindlich reagieren.

Gerade nach Weisheitszahnentfernung entsteht am letzten Zahn oft eine kariesanfällige Schmutznische. Hier bleiben Speisereste am ehesten liegen. Muss nicht zu einem Kariesloch führen. Nein. Sauberhalten hilft.

Bei den Eckzähnen gibt es einen anderen Grund für mangelhafte Reinigung:
Sie halten vermutlich Ihre Zahnbürste mit der rechten Hand. Fangen bei den Schneidzähnen in der Mitte an, mit der Verteilung der Zahnpasta. Dann kommt die linke Seite dran. Und danach passierts: Sie drehen die Zahnbürste, immer noch in der rechten Hand, zu ihrer rechten Zahnseite hin um und reinigen diese. Was wird nicht gereinigt: Der Drehpunkt! Und das ist genau der Eckzahn.
Also:
Einfach mal drauf achten, und den rechten unteren Eckzahn (nochmals) getrennt reinigen.

Bei den unteren Schneidezähnen hilft ein waagerechtes Hin- und Herschrubben an den Zahnkanten wenig. Deshalb bleiben gerade hier am Übergang zum Zahnfleisch oft Beläge liegen. Unnötig! Schauen Sie in den Spiegel, dann wird Ihnen alles klar.

Und so sehen die Zähne eines Patienten nach seinem üblichen "Zähneputzen" aus, nachdem die noch verbliebenen Zahnbeläge angefärbt wurden. Von wegen sauber…

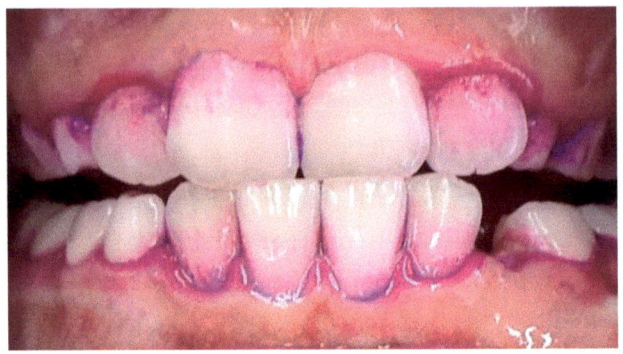

Besonders deutlich: Schmutzige Zahnfleischrinnen um die Zähne
herum. Müssen schonend mit einer weichen Zahnbürste gereinigt
werden; harte Zahnbürsten würden auf die Dauer die Zahnhälse
freischrubben.
Wir Zahnärzte sehen dieses Bild immer wieder: Wo die Zahnbürste
leicht rankommt, glänzen die Zähne. In den Nischen und Rillen
dagegen können sich die Bakterien weiter austoben.

Wie oft und wann soll ich meine Zähne putzen?

Auha – wollten wir nicht von **Zahnreinigung** anstatt von Zähneputzen sprechen?
Also: Wie oft soll man die Zähne reinigen?

Eigentlich bin ich in dieser Frage sehr konsequent und sage: Die Zähne müssen immer sauber sein! Oder wollen Sie mit einem Partner sprechen, der aus dem Mund riecht, Ihnen aber fröhlich verkündet: Ein Mal am Tag Zähneputzen reicht! Igitt.
Fragen wir die Wissenschaft. Die aktuelle. Denn nächstes Jahr kann die Wissenschaft schon wieder neue Erkenntnisse gewonnen haben. Wer weiß, mit welchem Ergebnis...

Nach dem **aktuellen Stand der Wissenschaft** soll man die Zähne abends sehr gründlich mit einer fluoridhaltigen Zahnpasta reinigen, und nicht nur eine Zahnbürste, sondern auch zusätzlich Zahnseide (bzw. Superfloss oder Zahnzwischenraumbürstchen) verwenden.
Danach nichts mehr essen; nur noch Wasser ist erlaubt.
Morgens wäre eine einfachere Zahnreinigung angesagt, aber unbedingt wieder mit einer fluoridhaltigen Zahnpasta. Von wegen Fluoridierung der Zahnoberflächen als Hauptziel.
Zusätzlich mittags die Zähne zu reinigen sei für weniger Karies nicht nötig, könne aber auch nicht schaden, wenn man nicht zu fest und zu lange hin- und herschrubbe.
Das ist alles. Meint die aktuelle Wissenschaft.

Das mag für noch gesunde Zähne zutreffen; bei geschädigten Zähnen und insbesondere bei Parodontitis reicht das definitiv nicht. Da muss deutlich mehr gegen die Bakterienbeläge getan werden.

Ich empfehle kategorisch: Immer saubere Zähne, selten Süßes essen, die Zähne fluoridieren. Dann klappt es mit Sicherheit, die eigenen Zähne gesund zu erhalten.

Da gibts allerdings noch die zusätzliche bisherige Empfehlung, nach dem Verzehr von säurehaltigen Speisen eine halbe Stunde mit dem Zähneputzen zu warten.
Und nun zeigen neuere Studien, die sich allerdings nur ganz langsam verbreiten, dass das nichts bringt!
Es würde den Zähnen mehr schaden, Speisereste darauf liegen zu lassen und nicht zu reinigen, als sie jederzeit sauber zu halten. Sag ich doch.
Nein, nicht den Kopf schütteln, wie sich die Wissenschaft so irren konnte – froh darüber sein, dass dieses Thema vom Tisch ist.

Sie dürfen nach dem derzeitigen Stand der Wissenschaft Ihre Zähne jederzeit reinigen, auch wenn Sie was-weiß-ich gegessen haben.
Das vereinfacht die Zahnpflege. Gut so.
Bitte nicht vergessen: Die Zähne reinigen – sie aber nicht durch brutales langdauerndes Hin- und Herschrubben mit harten Zahnbürstenborsten kaputt machen!

Und wenn nun jemand ankommt und auf den Nachbarn zeigt, der sich nie die Zähne reinigt und der dennoch keine Zahnlöcher hat:
Ja nun, das gibt's tatsächlich. Genauso wie den Kettenraucher, der auch mit 90 noch keinen Lungenkrebs hat. Aber ich verrate kein Geheimnis: Das ist sehr selten. Äußerst selten.

Also keine Ausreden für Sie, sondern Klartext:
Zähne sauber halten mit fluoridhaltiger Zahnpasta, selten Süßes essen – mehr braucht es nicht zuhause, um Ihre Zähne gesund zu erhalten.

Beim Zahnarzt erfolgen dann noch je nach Erfordernis professionelle Zahnreinigung (PZR), weitere Karies-Stopp-Maßnahmen sowie Fissurenversiegelungen.

Jetzt müssen Sie "nur noch" diszipliniert diese Erkenntnisse umsetzen. Das dürfte der schwerste Teil des Ganzen sein. Sagen Sie sich immer wieder, dass Sie es für sich selbst tun, dann klappt es.

Saubere Zähne

Gesunde Zähne nur durch nachhaltig saubere Zähne! "Nachhaltig" sagt man bekanntlich heutzutage zu einem Dauerzustand.

Habe ich saubere Zähne? Wie sehe ich, ob und dass meine Zähne sauber sind? Nun, es gibt spezielle **Lutschtabletten**, die nur dazu da sind, **Zahnbelag sichtbar anzufärben**. Gibt es beim Zahnarzt, in Apotheken und Drogerien. Nennt sich hochtrabend Plaque-Revelatoren. Tablette in den Mund nehmen, langsam zergehen lassen, ausspülen: Und überall da, wo Zahnbelag auf den Zähnen klebt, ist dieser gut sichtbar rot–blau–violett verfärbt. Besonders eindrucksvoll, wenn man diesen Versuch nach der Zahnreinigung durchführt: Wo sind noch Schmutzecken?

Dann mit der Zahnbürste alles reinigen, fertig.

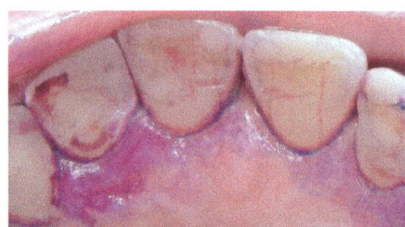 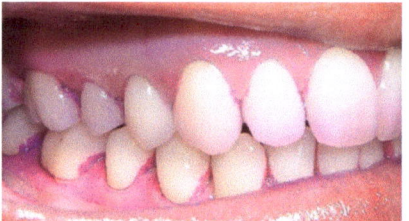

Diese Anfärbemittel gibt es auch in Form von Flüssigkeiten zum Einpinseln auf die Zähne sowie in verdünnter Form zum Umspülen. Also nix mit Ausreden…

Klitzekleine Warnung: Bitte nicht zum ersten Mal kurz vor einem wichtigen Date ausprobieren: Sie könnten zu spät kommen…

Hört sich gut an: Immer saubere Zähne haben. Nur: Wie geht das? Eigentlich weiß das jeder: "Zähne putzen". Wir hier wissen es bereits besser und antworten: "Zähne reinigen, Mundhygiene"!

Doch schon kommen die Fragen: "Ist eine elektrische Zahnbürste gut?"
Später darüber mehr.

Ich möchte mal von der anderen Seite her beginnen: Ein sauberer
Zahn bleibt gesund. Soweit waren wir schon. Also ist die Aufgabe klar:
Die Zähne müssen sauber sein.
Und jetzt kommt eine provozierende Antwort: Es ist eigentlich ziemlich
egal, wie und womit Sie Ihre Zähne reinigen. Hauptsache immer
sauber!

Dass das nicht so einfach ist, dass das insbesondere überhaupt nicht
verinnerlicht ist, sehe ich leider immer wieder.

Da kommen doch regelmäßig Patienten in die Praxis, die mir ganz
selbstverständlich sagen:
*"Ich komme gerade vom Essen – kann ich mir noch schnell die Zähne
putzen?"*

Brrrrr. Da stimmt ja garnichts. Noch überall Speisereste im Mund?
Offensichtlich wissen diese Patienten (noch) nicht, wie wichtig saubere
Zähne sind. Immer!

"Ja wie soll ich das denn machen?" höre ich dann.
Also Herrschaften, DIE Frage ist ja wohl nicht ernst gemeint:
Zahnbürste hilft!

Sie tragen alle möglichen Hilfsmittel mit sich herum:
(das kenne ich aus Krimis, wenn die Verhafteten vor
der Gefängniszelle ihre Taschen leeren müssen – oder wenn im Film
mal die Handtasche einer feinen Dame auf den Boden fällt):
Ein Kamm für die Haare
Die Brille fürs Sehen
Handy, Schlüssel, Geldbörse, Ausweise

Makeup ohne Ende
Und was weiß ich noch alles

Da passt doch noch eine Zahnbürste rein! Zumal Sie in
Drogeriemärkten Behälter sowie zusammenklappbare Exemplare in
vielen Farben und Formen finden. Da ist nichts mit Ausreden!
Und an Ihrer Arbeitsstelle gibt es doch sicher auch noch einen Platz für
eine Zahnbürste.
Es geht nicht einfacher, nein.

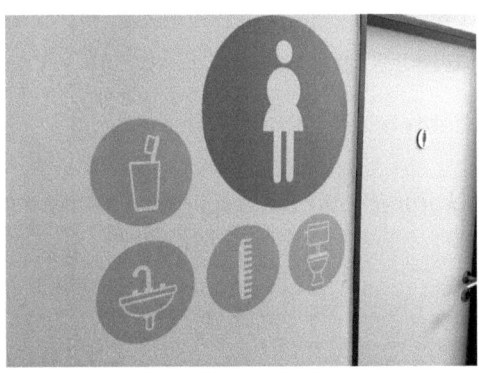

Vielseitige Toilette

Jede gewerbliche Toilette in
Gaststätten und
Arbeitsstätten hat einen
abgetrennten Wasch- und
Hygieneplatz: Auch für
Zahnreinigung!

Diese Firma hats begriffen.
Nein, keine Zahnarztpraxis,
sondern ein Bürogebäude in
Berlin.

Zumindest könnte man sich **nach dem Essen den Mund kräftig mit
Wasser ausspülen** – das hilft auch schon mächtig.
Zwischendurch mal ein Croissant oder süßen Plunder vom Bäcker:
Was bleibt davon nicht alles zwischen den Zähnen kleben! Ausspülen
als Minimum, besser mit Zahnbürste säubern – geht auch schon mal
ohne Zahnpasta. Man muss wirklich nicht nach jedem köstlichen
Festmahl den tollen Genuss mit einer Pfefferminzzahnpasta
kaputtmachen.

Gesunder Menschenverstand ist angesagt – wie immer im täglichen Leben. Aber dass klebriger süßer Mampf auf und zwischen den Zähnen unweigerlich zu Zahnschäden führt, dürfte einleuchten. Das gilt gerade auch bei kleinen Kindern, denen immer wieder unnötigerweise ein Keks in den Mund geschoben wird.

Saubere Zähne bleiben gesunde Zähne. Punkt.

Wenn das wirklich verinnerlicht ist, wenn das so wichtig genommen wird wie es ist, dann wird es auch die folgende Ausreden auf dem Zahnarztstuhl nicht mehr geben:

- *Was soll ich denn noch machen außer 3x zu putzen?*
- *Was soll ich denn noch machen – ich gehe doch schon jedes Jahr zum Zahnarzt?*

...und wenn ich die Zähne anschaue, dann sind die hinteren Backenzähne voller alter und neuer Beläge. Ganz nach dem Motto "Vorne soll es schön sein und hinten nicht wehtun". Schade.

Wie und wie oft Sie "putzen" ist nicht das Entscheidende, solange Sie Ihre Zähne nicht mit gewaltigem Hin-und-Her kaputt schrubben. Entscheidend ist, dass Ihre Zähne immer sauber sind, besonders da, wo sie im Zahnfleisch verschwinden.

Saubere Zähne ERNST NEHMEN!

Es geht übrigens um mehr als saubere Zähne:

KEIN MUNDGERUCH!

Das ist der wichtigste psychologische Anstoß für die Zahnreinigung. Und ist ein weiterer Grund dafür, nicht vom Zähneputzen, sondern von Mundhygiene zu sprechen.

Zahnbürste

"Was halten Sie von einer elektrischen Zahnbürste?" Das ist immer die erste Frage, wenn das Gespräch auf Zahnbürsten kommt.

Jetzt gibt es die berühmte schnoddrige Antwort:
„Die beste Zahnbürste ist die, die man benutzt."

Klingt hochnäsig, ist jedoch wahr:
Es kommt auf den ersten Blick wirklich nicht so sehr auf die Art der Zahnbürste an.

Auf den zweiten Blick lassen sich schon Unterschiede erkennen.
Ich habe für Sie mal zwei verschiedene Handzahnbürsten an eine Modellzahnreihe gehalten und fotografiert:

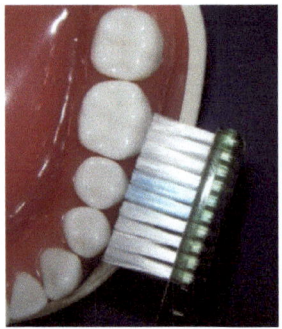 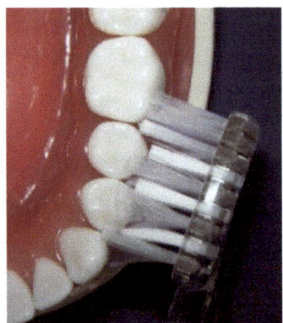 

ungünstige
Borstenanordnung

gute
Borstenanordnung

oft empfohlene
weiche Borsten

Sehen Sie auch, dass nur die eine Zahnbürste die Zahnzwischenräume erreicht?

Die ist klar besser als die andere mit dem ebenen Borstenfeld. Und harte Borsten kommen auch nicht zwischen die Zähne. Also ist eine **weiche(re) Zahnbürste** deutlich geeigneter.

Martialisch aussehende dicke harte Borsten in aggressiven Farben und Formen sind nicht unbedingt das Gesündeste. **Schonende Reinigung ist angesagt**.

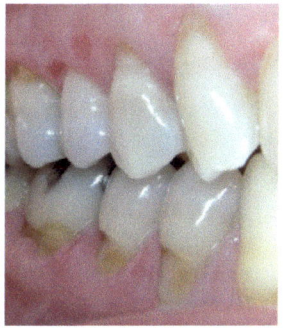 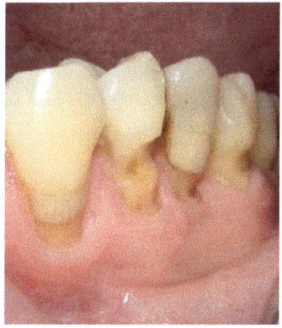 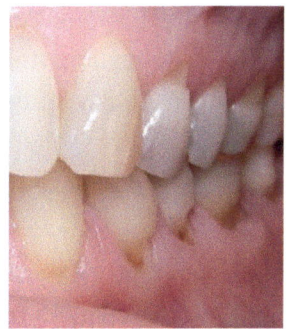

Damit nicht nur die Zahnoberflächen, sondern auch die Zahnzwischenräume sauber werden (genau da sammeln sich Speisereste), bürsten Sie die Spalten am besten vom Zahnfleisch her aus. Genau wie bei einem Kamm, bei dem Sie die eingefangenen Haare auch nicht von rechts nach links, sondern von oben nach unten entfernen. Einfache Merkregel:

Von Rot nach Weiß bürsten (ausstreichen), also vom Zahnfleisch zum Zahn hin. Und wenn Sie vor dem Ausstreichen noch rütteln, dann sind Sie Weltmeister beim Wettbewerb "Saubere gesunde Zähne"!

"Soll ich mir eine elektrische Zahnbürste kaufen?"
Warum nicht?
Wenn Sie ein Modell mit Anpresskontrolle und Timer wählen, dann erhalten Sie eine Menge Vorteile:

- Falls Sie die Bürste zu stark auf Ihre Zähne drücken, leuchtet ein rotes Warnlicht auf;
- alle 30 Sekunden macht es "Blipp", damit Sie die Reinigungsstelle wechseln, und
- nach 2 Minuten stellt sich die Bürste ab. Ideal.
- Vorteile sehe ich auch bei den letzten Backenzähnen: Da kann man schlecht mit der normalen Handzahnbürste hin- und herreiben, da ist eine selbstvibrierende Bürste von Vorteil.

Also exakt die Ziele, die Sie anstreben sollten. Super! Solche Modelle gibt es auch relativ preisgünstig.

Elektrische Zahnbürsten sind allerdings keine Bedingung für saubere Zähne. Wenn Sie eine normale Handzahnbürste korrekt benutzen, bleiben auch damit Ihre Zähne gesund.
Mit einer Handzahnbürste sollten Sie Ihren Mund etwas zumachen, wenn Sie die Bürste bereits drin haben. Dadurch können Sie die Bürste auch abgewinkelt um die letzten hinteren Zähne herumführen.

Die beste Zahnbürste ist die, die Sie bei Bedarf immer zur Hand haben!
In Drogeriemärkten finden Sie Behälter zum Transport von Zahnbürsten sowie stabile zusammenklappbare Reisebürsten.
Letztlich kommen Sie nicht um **mehrere Zahnbürsten** herum:
Zu Hause, bei der Arbeit, unterwegs.
Klingt völlig daneben, ich weiß. Und trotzdem mache ich das so. Und meine Zähne bleiben sauber und gesund. Das können Sie auch!

Automat neben dem Restaurant eines großen schwedischen
Möbelhauses in Berlin.

Zwischen den Zähnen

Wenn nun die Zahnoberflächen außen, innen und obendrauf sauber gereinigt wurden, bleibt immer noch eine Schwachstelle: Das ist die Kontaktfläche zwischen den Zähnen; da, wo sie aneinanderstoßen. Hier kommt keine Zahnbürste hin.

Speisereste zwischen den Zähnen müssen zwangsläufig zu Löchern führen: Die Speisereste werden von Mundbakterien verstoffwechselt, wie es fachmännisch heißt. Bedeutet Zersetzung. Und was machen diese Bakterien dabei: Richtig, sie scheiden Säure aus, was wiederum den Zahn zerstört.

Irgendein Hilfsmittel ist also nötig, das die Zahn-zu-Zahn-Kontaktflächen reinigt. Das kann **Zahnseide** sein. Oft reinigen kleine Bürstchen ("**Interdentalbürstchen**" = **Zahnzwischenraumbürstchen**) deutlich besser und sind auch leichter zu handhaben.

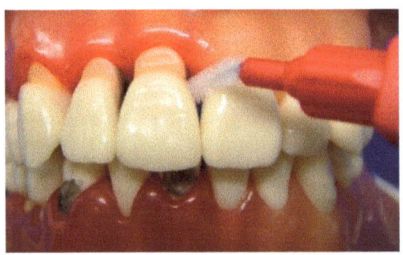 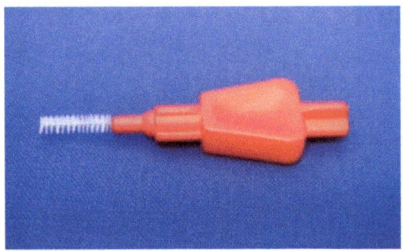

„Interdentalbürstchen" = Zahnzwischenraumbürstchen

Zusätzlich kann ein **beleuchteter, vergrößernder Kosmetikspiegel** gute Dienste leisten. Eigentlich geht es nicht ohne – wie will man sonst die hinteren Backenzähne sehen? Empfehlenswert! Für die flotteren Jahrgänge unter Ihnen: Besser mit Lesebrille als gar nicht!

Und dann gibts da noch das ewige Gezerre um die Art der Zahnseide:
Gewachst oder ungewachst? Böse Antwort:
Nehmen Sie die, mit der SIE am besten zurechtkommen.
Ich persönlich bevorzuge **Fäden aus Teflon**.

Immer wieder erscheinen neue Produkte, die versprechen, noch
intensiver zu reinigen und dergleichen: Kann ja sein – gilt allerdings
nur dann, wenn man überhaupt Zahnseide nimmt.
Nehmen Sie die Frage nach dem Fabrikat erstmal nicht so wichtig.
Fangen Sie einfach an, Ihre Zähne zu "fädeln": Das geht übrigens auch
während des Fernsehens!

Zahnstocher sind etwas aus der Mode gekommen, obwohl bei
größeren Speiseresten zwischen den Zähnen durchaus hilfreich. Eher
wird **Superfloss** empfohlen, eine Zahnseide mit flauschigem Mittelteil
für größere Zahnzwischenräume.

Geht trotz allem nicht?
Zahnseide ist zu schwierig für mich: Was tun?
Sie müssen nicht alle Zähne reinigen, sondern nur die, die Sie behalten
wollen.
Schnoddrigkeit beiseite:
Dann hilft wenigstens teilweise ein chemisches Vorgehen gegen die
Bakterien an den Zahnkontaktstellen: Pressen Sie am Ende einer
Zahnreinigung kräftig eine fluoridhaltige Mundspüllösung mit den
Backen durch die Zahnzwischenräume! Fluoridierte Zähne sind
erheblich widerstandsfähiger gegen Löcher.

Und noch ein Tipp:
Wenn sich trotz allem mal Speisereste zwischen den Zähnen
eingeklemmt haben und diese auch mit Zahnseide nicht sofort
rausgehen: Machen Sie einen Knoten in die Zahnseide, und ziehen Sie

diesen Knoten durch den Zahnzwischenraum: Dann kommt das Eingeklemmte mit heraus.

Lassen Sie sich am besten in Ihrer Zahnarztpraxis die für Sie geeigneten Hilfsmittel zur Zahnreinigung zeigen und testen Sie dort auch selbst deren Handhabung. Dafür bieten Ihnen die Praxen spezielle Prophylaxetermine an.

Noch ein Wort zu Mundduschen

Das ist ein Reizthema wie etwa "elektrische Zahnbürste".
"Ich habe mal gehört, dass das schädlich sein soll"
Na klar – alles kann schädlich sein. Es muss aber nicht!

Mundduschen sind in vielen Fällen hilfreich. Viele Anwender sind immer wieder erstaunt, "was mit der Munddusche noch alles herauskommt".
Fragen Sie Ihren Zahnarzt hinsichtlich Ihrer persönlichen Zahnsituation.

Mundduschen arbeiten nicht mit Wasser allein, sondern mit einem Wasser-Luft-Gemisch. Und in Luft ist 20% Sauerstoff: Den mögen die Bakterien überhaupt nicht, sie gehen dadurch kaputt. Ist doch toll!

Zahnpasta

Waschen Sie Ihre Hände ohne Seife?

Nein? Aus dem gleichen Grund sollten Sie auch eine Zahnpasta verwenden. Es gibt noch einen weiteren Vorteil von Zahnpasten: Das darin enthaltene **Fluorid sorgt für deutlich geringere Kariesanfälligkeit.**

Deshalb ist es auch gut, die Zahnpasta durch die Zähne hindurchzuziehen (Lippen- und Wangendruck/-Sog), damit sie zwischen die Zähne kommt.

Zahnpasten können ganz schön was von Ihren Zähnen wegnehmen – besonders die abrasiven. Manchmal ist der sogenannte RDA-Wert als Maß für die Abrasivität, also das Abscheuern, angegeben. Ihr Zahnarzt wird Sie gern beraten. Unbedingt bitte immer zu festes Aufdrücken der Zahnbürste und zu langes Hin-und-Herschrubben vermeiden!

Falls Sie bereits an **empfindlichen Zahnhälsen** aufgrund zu heftiger Bürsterei leiden, dann denken Sie doch an folgende Gegenmaßnahmen:

- **gering abrasive Zahnpasta und**
- **weiche(re) Zahnbürste benutzen**
- **kein extremer Druck mit der Bürste auf die Zähne**
- **kein langes Hin-und-Herschrubben**

Noch ein Tipp nebenbei:

Drücken Sie die Zahnpasta aus der Tube fest in den Bürstenkopf hinein, damit Ihnen nicht gleich wieder die Hälfte davon ins Waschbecken fällt.

Sind Sie jetzt enttäuscht darüber, dass hier so wenig über Zahnpasten steht?

Na gut, dann noch einen Satz mehr:

Zahnpasten mit Aminfluorid gelten als besonders wirksam gegen Karies. Noch mehr Aminfluorid gibts in speziellen Gelees, die man in der Regel einmal wöchentlich nach dem Zähnereinigen zusätzlich anwendet. Lassen Sie sich von Ihrem Zahnarzt beraten!

Wovor ich nicht genug abraten kann: Bitte keine Zahnpasten ohne Fluorid. Dieses Experiment brauchen Sie nicht mehr zu machen – das ist schon millionenfach danebengegangen.

Mit fluoridhaltigen Zahnpasten gibt es deutlich weniger Karies!

Fluoride

Fluoride sind natürlich vorkommende Salze wie auch die Chloride: So ist z.B. Natrium-Chlorid nichts anderes als Kochsalz. Lebensnotwendig. Und Fluoride sind in unserer mitteleuropäischen Esskultur für kariesfreie Zähne notwendig. Wirklich. No discussione.

Fast alle Zahnpasten enthalten aus diesem guten Grund Fluoride; auch Salz sowie (Mineral-)wasser dienen als Quelle. Bei Bedarf wird Ihnen Ihr Zahnarzt eine Zahnpasta mit erhöhtem Fluoridgehalt oder ein zusätzliches Fluorid-Gel einmal wöchentlich zum Einbürsten empfehlen. Damit die Gesamt-Fluoridzufuhr noch im gesunden Rahmen bleibt, sollte das ihr Zahnarzt entscheiden. Fragen Sie ihn, er ist der zuständige Fachmann.

Dringende Empfehlung:
Benutzen Sie nur **fluoridhaltige Zahnpasten** sowie nur noch **fluoridiertes Speisesalz**. Machen Sie keinen unnötigen Selbstversuch, bei dem Sie Fluoride meiden. Das geht schief, garantiert. Gibt Zahnlöcher.

Jetzt sagen Sie natürlich zu Recht: Wattn nu? Gerade erst habe ich doch hier gelesen, dass saubere Zähne gesund bleiben?! Jetzt soll ich auch noch Fluoride anwenden? Ja, richtig. Die Begründung geht etwas um die Ecke, über Zuckerumwandlung zu Säure durch Bakterien. Das geht so:
In unserer Nahrung ist überall so viel Zucker versteckt, dass man ihn beim besten Willen nicht meiden kann. Fast immer liegt irgendwo an den Zähnen etwas Zuckerhaltiges, die meisten Getränke umspülen die Zähne mit Zucker. Und durch Bakterien, also Zahnbelag, der sich überall versteckt, wird dieser Zucker in Nullkommanichts teilweise zu Säure umgewandelt und frisst Löcher in Ihre Zähne. Da ist ein

wissenschaftlich tausendfach bewiesener Schutz mittels Fluoriden bitter nötig, auch wenn Sie selten Süßes in Ihren Mund schieben. Und dann schmeckt auch die Ab-und-zu-Sahnetorte wieder ohne schlechtes Gewissen.

Und hier noch etwas Hochinteressantes für die ganz Wissbegierigen: Mit dem sogenannten Eiertest kann man die Schutzwirkung von Fluoriden gegen Säureattacken eindrucksvoll erkennen. Bei Suche im Internet nach "**Eiertest Fluorid**" werden Sie fündig.

Mundspülmittel

Chlorhexidin-Lösungen haben sich als wirksame "Chemische Zahnbürste" erwiesen. Durch Desinfektion werden Mundbakterien vermindert; somit wird Kariesentstehung sowie Parodontitis entgegengewirkt. Und wenn die Bakterien weg sind, gibt es auch keinen Mundgeruch mehr. Leider haben diese Mundspülmittel auch Nachteile, die zwar wieder verschwinden, dennoch eine Daueranwendung unmöglich machen: Das Geschmacksempfinden wird etwas gestört, und die Zahnhälse verfärben sich bräunlich. Dennoch sind diese Präparate äusserst wertvoll, wenn zum Beispiel nach einer Operation im Mund die Wundheilung nicht durch das Bürsten mit einer Zahnbürste gestört werden darf.

Für eine Daueranwendung eher geeignet sind mildere Mundspülungen, die für frischen Atem sorgen und durch verschiedene antibakterielle Zusätze zahnerhaltend wirken. Zahnverfärbungen treten dabei wesentlich seltener und in geringerem Ausmaß auf als bei Mitteln mit Chlorhexidin. Es gibt verschiedene Spüllösungen für unterschiedliche Zwecke. Bei einer zahnärztlichen Prophylaxe wird man Sie gern beraten.

Mundspülmittel dienen als zusätzliche Pflegemaßnahme für die Stellen im Mund, an die die Zahnbürste nicht herankommt. Geeignet auch bei Patienten mit besonderer Karies- und Parodontitisgefährdung. Wenn Sie etwas Zusätzliches für Ihre Zähne tun wollen, **kann ich die Anwendung nur empfehlen**.

Alternativ wäre es auch möglich, nach der Zahnreinigung und erstem Ausspülen nochmals eine kleine Menge Zahnpasta im Mund aufzuschwämmen und diese Lösung kräftig unter Wangendruck und - sog durch die Zähne zu bewegen. Die Erfahrung zeigt jedoch, dass eine getrennte Spüllösung angenehmer ist und lieber benutzt wird.

Das wichtigste Mundspülmittel hätte ich fast vergessen: **Wasser!** Nach dem Essen alle Essensreste herauszuspülen geht auch mit Leitungswasser. Das ist das Mindeste an Zahnpflege, was Sie machen sollten.

Mundgeruch

Angst vor Mundgeruch ist der Hauptgrund, warum wir Menschen uns die Zähne reinigen.

Und **Zahnbeläge, also ungereinigte Zähne, sind zusammen mit Belägen auf der Zunge die weitaus häufigste Ursache für Mundgeruch**. Nicht der Magen, wie oft angenommen wird. Wenn alle Zähne und auch die Zunge frei von Belägen sind, riecht nichts mehr. Es gibt äußert seltene Ausnahmen – wie bei allem im Leben.

Nehmen Sie doch mal ein Stückchen Zahnseide, wenn Sie Ihre Zähne eine Zeitlang nicht gereinigt haben. Vorsichtig zwischen 2 Zähnen hindurchziehen (nicht das Zahnfleisch zersägen!) und dann dran riechen: Alles klar? So geht Mundgeruch.

Saubere Zähne erhalten also nicht nur Ihre Zahngesundheit, sondern auch Ihre Freundschaften. Das lohnt doch die Zahnpflege!

Nun ist eine Zahnreinigung leider mit etwas Aufwand verbunden. Geht es nicht einfacher? Ja klar – wenn Sie Zahnzerstörung in Kauf nehmen: Viel schneller geht es tatsächlich, Lutschbonbons in den Mund zu nehmen, um ja keinen Mundgeruch zu zeigen.
Besonders beliebt und überall erhältlich sind klitzekleine bunte Pillen in durchsichtigen Plastikboxen. Ist ja so einfach und schmeckt auch ganz toll süß – was kein Wunder ist, bestehen die Zuckerpillen doch aus sage und schreibe 97% Zucker! Und jedes dieser süßen Verführer hat exakt 2 kcal = 8 kJ. Unglaublich.

Erinnern Sie sich, dass Bakterien im Mund den Zucker in Säure umwandeln? Und das gibt Löcher, Karies. Das kann also nicht die beste Lösung gegen Mundgeruch sein. **Die beste Lösung sind saubere**

Zähne, oder wenn es mal schnell gehen soll (oder auch zusätzlich zur Zahnreinigung) ein Mundspülmittel, das speziell gegen Mundgeruch entwickelt wurde und lange wirkt. Zuckerfreie Kaugummis können auch helfen, passen allerdings bei Gesprächen nicht immer.

Eigentlich kann man über Mundgeruch nicht lachen – es ist zu deprimierend, wenn man mit Menschen mit Mundgeruch sprechen muss. Lachen Sie hier trotzdem:

(Bad Breath = Mundgeruch, cat = Katze)
https://youtu.be/hKOKy3NKHpA

Inzwischen gibt es mehr und mehr Zahnarztpraxen, die sich auf die Behandlung und Vermeidung von Mundgeruch spezialisiert haben. Das Thema sollte eigentlich in jeder Praxis wichtig genommen werden. Was soll ich Ihnen sagen: In den allermeisten Fällen besteht die Behandlung in einer professionellen Zahnreinigung. Dagegen vermuten die meisten Menschen die **Ursache von Mundgeruch** in Magenproblemen. Nein. Erstaunlicherweise ist – neben Zahnbelägen – die **Zunge der Haupttäter**: "Belegte Zunge" kennen Sie sicher. Auf ihr sitzen Fäulnisbakterien in einem dichten Belag. Entfernen!

Zungenschaber gibts dafür. Manche Leute nehmen einen Kaffeelöffel. Oder die Zahnbürste. Lassen Sie sich in Ihrer Zahnarztpraxis beraten, und am besten üben Sie dort gleich.

Mundgeruch ist kein Tabuthema, sondern eine Aufgabe, die Sie selbst bewältigen können.
Ein sauberer Mund mit gesunden Zähnen gibt Ihnen Selbstsicherheit dank frischem Atem. Alles klar?

Karies: Loch im Zahn

Herr Doktor, woher kommen meine Löcher?

Nun, da braucht es keine Forschungen mehr. Man weiß es: Karies, also ein Loch im Zahn, entsteht nicht über Nacht. Nur wenn Bakterien (= **Zahnbelag**; erste Voraussetzung) an der gleichen Zahnstelle über lange Zeit (zweite Voraussetzung) liegen bleiben und häufig **Zucker** hinzukommt (dritte und wichtigste Voraussetzung), nehmen die Bakterien den Zucker auf, scheiden daraufhin **Säure** aus, und diese Säure löst den Zahn auf, macht ein **Loch**.

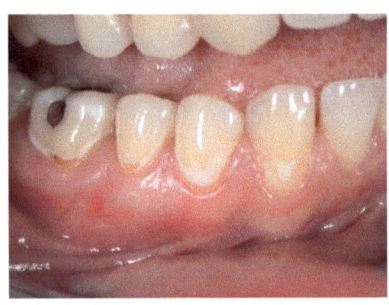

Zahnloch

Auf dem Bild ist die Entstehung von Karies = Zahnloch in zunehmenden Stufen zu sehen:
Von rechts nach links: Karies beginnt mit einem weißen Fleck (entkalkter Schmelz), der einbricht und weiches braunes Dentin offenlegt. Jetzt ist eine Reparatur = Füllung fällig. Der große Backenzahn hat bereits eine Amalgamfüllung. Übrigens: Dieser Patient hat vorne (rechts im Bild) seine Zähne besser gereinigt als weiter hinten. Deshalb entstand der größte Zahnschaden am hinteren Backenzahn (links im Bild).

Und noch eine Erkenntnis: Weil der Zahnbelag in der Rinne zwischen Zahn und Zahnfleisch nicht so gut entfernt wurde wie auf den Glattflächen der Zähne, gibt es folgerichtig genau in dieser Rinne die Defekte. Da wo die Zähne gut von der Zahnbürste gereinigt wurden, strahlen sie, dass man fast eine Sonnenbrille braucht!

Drei Voraussetzungen sind also zur Kariesentstehung nötig: Bakterien = **Zahnbelag**, und das über eine **lange Zeitdauer**, sowie **häufige Zuckerzufuhr** als wichtigste Ursache.

Die kariösen Löcher entstehen oft erst nach langer Zeit (viele Monate, zum Teil viele Jahre), deshalb kommt man nicht gleich drauf. Aber seit 100 Jahren wissen wir das ganz genau:

Ohne Bakterien (Zahnbelag) keine Löcher, ohne Zucker keine Löcher
Und noch ganz wichtig zu wissen:
Niemand wird mit Karies geboren, Karies ist nicht vererbbar
Karies ist kein Schicksal, Karies ist vermeidbar

Eigentlich einfach.

Die Löcher im Zahn sind also nicht plötzlich da, sondern entstehen ziemlich gemächlich. Das macht eine frühzeitige Erkennung so wichtig: Dann sind die Defekte noch klein, und es gibt noch viele einfache und dennoch wirksame Gegenmaßnahmen. Lohnt sich also!

Die Krankenkassen bezahlen **halbjährlich eine Zahnuntersuchung und -Beratung**! Wohlgemerkt Untersuchung und Beratung; eine Pflicht, sich behandeln zu lassen, gibt es dagegen nicht.
Leider wird dieses kostenlose Angebot, diese Empfehlung, nicht von allen wahrgenommen. Eigentlich unverständlich. Viele Schmerzen und hohe Kosten könnten vermieden werden, so gut wie alle Zähne könnten erhalten werden.

Weil die **Entstehungsursache von Karies (Löcher im Zahn) so** interessant und wichtig ist, möchte ich es nochmals so formulieren:

Karies wird durch Zucker auf Zahnoberflächen verursacht, der Bakterien (die sind im Zahnbelag) als Ernährung dient. Letztlich scheiden die Bakterien dann Säuren aus. Diese Säuren greifen den Zahn an und können im weiteren Verlauf zu den gefürchteten Löchern führen. Das passiert nur, wenn nicht durch seltenes Zuckeressen, saubere Zähne (also keine Bakterien) sowie durch Fluoridierung (quasi zur Zahnhärtung) vorgebeugt wird.

Klingt hochwissenschaftlich – ist es auch.

Darf ich Ihnen das Ganze übersetzen?

Ihr Zahnbelag besteht aus Bakterien. Umso mehr, je weniger Sie Ihre Zähne reinigen.

Das glauben Sie mir sicher, nachdem Sie weiter vorn das Video mit Zahnbelag unterm Mikroskop gesehen haben.

Diese wuseligen Zahnbelagsbakterien sind immer auf der Suche nach Nahrung, am liebsten Zucker. Der Zucker löst sich im Mund auf, verteilt sich auch im Zahnbelag. Und dort stürzen sich die Bakterien drauf und fressen ihn: Ja wirklich! Dann geschieht das Ungeheure: Als Endprodukt der Zuckerverdauung durch die Bakterien scheiden diese pure Säure aus. Und erst diese Säure frisst Ihnen die berühmt-berüchtigten Löcher in die Zähne, was wir dann Karies nennen.

Die Säurebildung geht ruck-zuck; die kariösen Löcher entstehen jedoch erst nach langer Zeit, wenn immer wieder neue Säure durch neuen Zucker entsteht. Und "plötzlich" sind die Löcher sichtbar und vor allem schmerzhaft spürbar, weil die Zahnzerstörung bis zum Nerv geht.

Das ist wie mit dem Rost beim Auto: Plötzlich, ja urplötzlich meint der Mann beim TÜV, in allen Hohlstellen säße der Rost. Unglaublich – wo man doch 10 Jahre und länger nichts davon bemerkt hat. Denkste. Entstand schleichend all die Jahre schon. Und irgendwann bricht eine Stelle ein und das ganze Dilemma wird sichtbar. Wie beim Zahn:

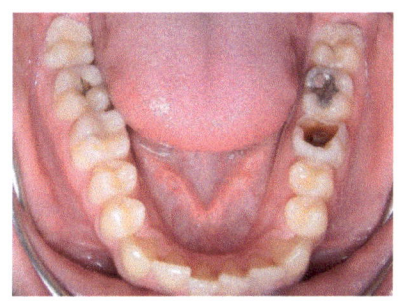

"Hohler Zahn": Karieslöcher beginnen außen am Zahn ganz klein, vergrößern sich im Innern des Zahnes und bleiben ziemlich lange unbemerkt, bis die Zahnwand einbricht. Oder bis ein Röntgenbild angefertigt wird und den hohlen Zahn offenbart. Oder, am häufigsten, bis der Zahn aufgrund des Lochs schmerzt.

Nie wieder Karies!

Ja kann man denn etwas gegen Karies machen? Nie wieder Löcher in den Zähnen?

Ja klar: Das "Rezept" ist einfach:

Sie müssen etwas gegen die Säurebildung aus Zucker durch karies-verursachende Bakterien tun, also:
Zähne sauber halten, **selten Süßes** essen, **fluoridieren**, regelmäßige Zahnarztkontrolle.

Nochmal im Einzelnen:

- Mechanische Verminderung der Bakterien mittels Zahnreinigung; chemische Verminderung der Bakterien mittels antibakterieller Zahnpasten (und gegebenenfalls Mundspüllösungen)
- Selten Süßes essen (erst durch Verstoffwechslung von Zucker durch die Bakterien entsteht in nullkommanichts Säure)
- Zahnhärtung mittels Fluoriden
- Halbjährlich zum Zahnarzt zur Untersuchung
- Beim Zahnarzt Beseitigung von Bakterien-Schlupfwinkeln, z.B. durch Fissurenversiegelung

Ach – auf das Naschen von Süßigkeiten wollen Sie nicht verzichten? OK.

Dann gibt's den 100-Dollar-Tipp nochmal, und das kostenlos:

- SELTEN Süßes essen (die Menge ist bei dieser Betrachtung weniger wichtig).
  Es kommt entscheidend darauf an, dass Sie möglichst selten Süßigkeiten auf Ihre Zähne lassen. Jedes Mal, wenn Sie sich ein Stück Süßes in den Mund schieben, bekommen Ihre Zähne einen grausamen Säurestoß! Und jedes Mal werden Ihre Zähne durch diese Attacken weiter geschädigt – bis hin zum Loch. Also: Nicht andauernd stundenlang alle 5 Minuten das nächste Böllchen reinschieben! Ganz einfach – wenn da nicht immer die Versuchung wäre – ich weiß, ich weiß.
- Wie wäre es mit **zahnschonenden Süßigkeiten**? Da ist der "Karies-Zucker" ersetzt durch andere süße Substanzen. **Zahnmännchen ist auf der Verpackung**!

Wie sieht nun ein Karies-Stopp-Programm aus? Lesen Sie mehr im nächsten Kapitel!

Aktion Zahnfreundlich e.V.
http://www.zahnmaennchen.de
Das Signet *Zahnmännchen mit Schirm* ist ein international geschütztes Warenzeichen der Aktion Zahnfreundlich e.V.

Karies-Stopp-Programm

Ok, Sie reinigen Ihre Zähne wie vorgesehen und machen überhaupt alles richtig – und bekommen trotzdem an irgendeinem Zahn ein Loch: Karies!
Sehr enttäuschend.

Haben Sie wirklich alles beachtet und ernst genommen?:

Sind Ihre Zähne wirklich immer sauber?
Nehmen Sie wirksame Mundspüllösungen zusätzlich?
Wird Zahnseide benutzt?
Vermeiden Sie häufiges Süßigkeiten-Naschen?
Schützen Sie Ihre Zähne mit Fluorid?
Lassen Sie Ihre Zähne in einer Prophylaxe-Behandlung professionell reinigen und durch Fluoridlacke schützen?

Ja?
Und dennoch hat ein Zahn einen Defekt bekommen?
Schade.
Nun, das ist halt wie im täglichen Leben: 100%ig ist nichts.
Nicht den Kopf hängen lassen. Hilflos sind wir noch lange nicht!

Es gibt ein Karies-Stopp-Programm! Vermutlich begann die Karies genau da, wo zwei Zähne aneinandertreffen, an deren Kontaktpunkt. Da kommt leider keine Zahnbürste der Welt hin. Nur mit Zahnseide kann hier gereinigt werden, und das geschieht meistens viel zu selten – wenn überhaupt. In den Zwischenzeiten vergnügen sich hier die Bakterien. Kommt dann noch Zucker hinzu, ernähren sich diese Bakterien davon und scheiden ganz ungeniert Säure aus, die wiederum ein Loch in den Zahn frisst.

Also müssen wir an diese Kontaktstellen herankommen – und das gelingt so:

Dafür wird vom Zahnarzt eine nur Ihnen passende durchsichtige Kunststoff-Schiene hergestellt, die Sie selbst mit nach Hause nehmen.

Sie geben ganz wenig Fluorid-Gelee aus der Apotheke in die Schienen, die als **Medikamententräger** dienen, verteilen das Gelee z.B. mit einem Wattestäbchen, und dann setzen Sie die Schienen auf Ihre Zahnreihen. Nun 1-3 Minuten vorsichtig etwas darauf herumkauen. Durch den Druck- und Saugeffekt wird das hochwirksame Gelee in die Zahnzwischenräume gepresst und wieder herausgesaugt – genau das, was wir wollen.
Dann die Schienen wieder herausnehmen, den Mund mit Wasser ausspülen, fertig.

Wenn Sie das einige Tage hintereinander gemacht haben, sind Ihre Zahnoberflächen auch da, wo Ihre Zahnbürste nicht hinkommt, wirksam für einige Zeit geschützt.

Solche Trägerschienen können auch bei Parodontitis helfen, indem nicht ein Fluoridgel, sondern ein Chlorhexidin-Gel verwendet wird. Ihr Zahnarzt hilft Ihnen dabei.

Kariesstopp – das geht wirklich. Wobei Sie in einem ersten Schritt keinen Zahnarzt brauchen. Wenn Sie den weltweit eindeutigen Forschungsergebnissen glauben – häufiger Zucker ist der Erzfeind der Zähne – dann checken Sie doch mal mit einem Blatt Papier und einem Stift Ihr "**Ernährungsverhalten**". Wieder so ein hochtrabender Begriff, der womöglich verschleiert, um was es geht: Zu erkennen, wie oft Ihre

Zähne einem Zuckerimpuls, demzufolge einem Säurestoß, ausgesetzt werden.

Wie oft schieben Sie sich irgendetwas in den Mund? Aufschreiben, ohne Ausnahme! Egal was über die Lippen kommt – ganz ehrlich notieren. Sei es ein Schluck von dem oder jenem, ein Stückchen Obst, mal hiervon mal davon was runtergebissen, und ein kleiner Joghurt zwischendurch, schnell ein Kaffee, bis hin zu den abendlichen Chips vor dem Fernseher. Ja, selbst das kleine Kaugummi, jedes Bonbon und dergleichen sollten Sie nicht vergessen. Wobei Sie ihr Mittagessen selbstverständlich nicht im einzelnen in Rezeptform aufgliedern müssen. Aber ob Sie oft und viel Rohkost zermalmen, wäre schon interessant zu wissen. Das kann Zähne durch Fruchtsäuren abnutzen und manchen Zahndefekt erklären. Und die vielen Schlucke aus irgendeiner Dose oder Flasche – bitte nichts vergessen.

Wer dieses Notieren nur wenige Tage durchhält, sollte über die lebenslange Belastung der Zähne erstaunt sein. Wobei das eigentliche Kauen kaum zu Zahnschäden führt, sondern häufige Angriffe durch Zucker das Hauptübel darstellen.

Irgendwohin müssen ja die Süßigkeiten gehen, die im Lebensmittelmarkt meterweite Regale füllen. Gehören Sie zu den Vielnaschern? Nein? Auch dann erkennt man an diesem **"Ernährungstagebuch"**, welcher Strapaze Ihre Zähne täglich ausgesetzt sind und wundert sich etwas weniger über Schäden und Abnutzungen.

Zucker

Wohl jeder weiß, dass Zucker nicht gerade günstig für die Zähne ist. Dass **Zucker** von **Bakterien** in **Säure** umgewandelt wird und dass dann diese Säure die **Zähne zerstört**, hatte ich schon geschrieben.

Nun, Zucker ist nicht gleich Zucker.
Unser heutiger Haushaltszucker wurde erst nach 1800 durch die Zuckerrübe allgemein erhältlich. Daneben wird Zucker noch aus Zuckerrohr gewonnen. Wenn wir Zucker sagen, meinen wir zumeist diese identischen Rohr- und Rübenzucker. Gleichbedeutende Bezeichnungen sind Kristallzucker sowie Saccharose und Sucrose. Dabei handelt es sich chemisch gesehen um eine Substanz aus zwei Einfachzuckern, Glucose und Fructose, die über eine energiereiche Bindung aneinandergeheftet sind. Und diese Bindung hat es in sich: Bakterien gewinnen bei Spaltung dieser Bindung eine enorme Energiemenge, die sie zum Aufbau einer dichten zäh-haftenden schmierigen Bakterienschicht, der bekannten Plaque, also dem Zahnbelag, nutzen. Mit den Einfachzuckern Glucose (Traubenzucker) und Fructose (Fruchtzucker) gelingt das nicht im gleichen Maß.

Es besteht also durchaus ein Unterschied in der Kariesgefährdung bei verschiedenen Zuckerarten. Unser Haushaltszucker ist als sogenanntes Disaccharid (Doppelzucker) aus den Einzelmolekülen Glucose und Fructose am gefährlichsten – wegen der energiereichen Bindung zwischen den beiden. Sichtbar ist das nicht – glauben Sie den Wissenschaftlern, die das unwiderlegt nachgewiesen haben.

Ganz besonders gefährlich ist die ununterbrochene andauernde Zuckerzufuhr, wenn immer wieder in kurzen Abständen Bonbons oder kleine Pillen gegen Mundgeruch (97 % Zucker!) gelutscht werden oder wenn immer wieder Schokoladestückchen oder Gummibärchen in den

Mund geschoben werden. Das gibt jedes Mal einen enormen Säurestoß auf den Zahnstellen, auf denen bakterieller Zahnbelag sitzt, und das frisst letztlich Löcher in die Zähne.

Kommt der Zucker- und damit Säureimpuls in großen Abständen, dann kann der Kalk im Speichel den Säureschaden wieder rückgängig machen; remineralisieren heißt das. Aber wehe, der Säureangriff hört lange Zeit nicht auf: Dann entsteht ein Defekt in der Zahnoberfläche, der letztlich die äußere Zahnschutzschicht, den Schmelz, durchbohrt. Tja, und ab sofort dringen Bakterien in das Innere des Zahnes ein, und das ist das Ende des ehemals so schönen stabilen Zahnes. Ein Loch einsteht.

Hey: Wir Menschen können auch überleben, ohne ständig Zuckerhaltiges zu essen oder zu trinken. Sogar besser und gesünder! Nichts gegen mal eine Sahnetorte, nichts gegen die Verfeinerung von Speisen durch Zucker.
Leider gibt es Formen von **Zuckerabhängigkeit**, die man durchaus mit der Zigarettenabhängigkeit von Rauchern vergleichen kann. Total ungesund. Einige sprechen sogar von der "Volksdroge Zucker".
Und wehe man wagt etwas dagegen zu sagen. Da wird dann Zucker zur "Nervennahrung" hochstilisiert, was so sicher nicht richtig ist.
Sonst müssten die Kinder, die täglich in der Unterrichtspause den benachbarten Kiosk umlagern und sich dort Süßigkeiten kaufen, die mit den besten Nerven sein, letztlich die Erfolgreichen. Das möchte ich mal stark bezweifeln. Was ich sehe: Das sind auf jeden Fall erstmal die Kinder mit den schlechtesten Zähnen.

— Es geht wirklich auch mit **weniger Zucker** – oder exakter gesagt: Mit seltener Zuckerzufuhr.
— Anderer Ausweg: **Zahnschonende Süßigkeiten**: z. B. die mit dem aufgedruckten **Zahnmännchen mit Schirm**. Derart gekennzeich-nete Waren wurden besonderen Tests unterworfen, damit Ihre

Zähne heile bleiben. Mehr darüber können Sie bei der **Aktion Zahnfreundlich**
– www.zahnmaennchen.de – erfahren. Super Sache!

- Oder gleich nach **"zuckerfrei"** fragen. Gibt es. Sogar bei Kaugummis. Dort sind Zuckeraustauschstoffe eingesetzt, damit der Geschmack "süß" bleibt.
- Kaugummis und auch Zahnpasten mit Xylit gelten als besonders zahngesund. Dieses Xylit hat tolle Eigenschaften: Es vermindert sowohl Kariesbakterien als auch Zahnbelag, fördert andererseits den gesunden Speichelfluss. Einige sprechen daher auch von Zahnpflegekaugummis.

Achten Sie mal drauf! Ihre Zähne danken es Ihnen.

Praline macht Loch in Zahn

Weil es so unglaublich klingt, nochmals die Story der Reihe nach.
Denn:

Es ist wirklich schwer verständlich, dass eine Praline ein Loch in einem Zahn hervorrufen soll, nur weil sie Zucker enthält. Und doch ist es so.

Weil da noch Bakterien auf den Zähnen mitspielen.
Die nehmen begierig den Zucker aus der süßen Praline auf, ernähren sich davon, wachsen zu dickem Zahnbelag. Und scheiden leider augenblicklich Säure aus, als Abfallprodukt.

Diese von Bakterien gebildete Säure ätzt nun ein Loch in den Zahn. Ok, dauert, klar. Kommt nicht nur von einer einzigen Praline, von einem einzigen Zuckerimpuls. Sondern von vielen solcher Zuckerstöße, die jedes Mal einen Säurestoß auslösen. Man kann sagen:

"Steter Zucker höhlt den Zahn."

Zwischenmahlzeiten

Im Zusammenhang mit Ernährungsempfehlungen liest man immer wieder von *"Zwischenmahlzeiten"*.

Mahlzeit ist klar, da gibts richtig was zu essen. Aber was sind Zwischenmahlzeiten? Ein Apfel zwischendurch? Nun, dazu würde man sagen "zwischendurch einen Apfel essen" – das kann also eher weniger gemeint sein.

Nach meiner Meinung ist das Wort genauso wie "Snack" eine neumodische Erfindung und umschreibt verbrämt die ungesunden Naschereien von klebrigen zahnschädlichen Süßigkeiten, die einem oft entgegen aller Vernunft als "gesund" angepriesen werden. Da ist von Milch die Rede, wo hauptsächlich Zucker drin ist. *"Riegel"* nennt sich das dann. Soll Energiespender, Kraftspender suggerieren. Mag für Himalayabesteiger und dergleichen Extremsportler sinnig sein. Ansonsten gehts um nichts anderes als klebrige zahnschädliche und auch sonst nicht die Gesundheit fördernde zuckerstrotzende Kalorienschleckereien. Das ist keine zahngesunde Ernährung, das ist zumeist **unnötiger Süßkram**, finde ich.

Nichts gegen einen Joghurt oder noch besser Obst zwischendurch. Dazu brauchts aber nicht dieses ominöse Wort *"Snack"* oder *"Zwischenmahlzeit"*.

Und wenn Sie im Zusammenhang mit Essen und Karies lesen:
"Falsche Nahrungsgewohnheiten",
dann heißt das im Klartext "zu viel und insbesondere zu häufig Zucker".

Hierbei wird genauso um den heißen Brei herumgeredet wie beim Ausdruck

"Mangelnde Mundhygiene".

Da geht's schlicht um ungereinigte schmutzige Zähne. Nur: Warum sagt man das nicht klipp und klar?

Warum Zahnschmerzen nach Süßigkeiten?

Das ist doch merkwürdig:

Weshalb schmerzt ausgerechnet süßer Zucker, wenn sich irgendwo eine defekte Zahnstelle, gar ein Loch, gebildet hat?

Nun: Die Schmerzen kommen von Säuren, die die Mundbakterien blitzschnell nach dem Kontakt mit Zucker bilden. Verdünnen Sie die Säuren, und die Schmerzen werden erstmal weniger:
Baden Sie den betroffenen Zahn quasi in Ihrem eigenen Speichel, indem Sie mit Hilfe der Zunge Speichel um den Zahn herum hin und her bewegen. Dadurch wird die örtliche hohe Säurekonzentration verdünnt.
Noch besser wirken natürlich Mundspüllösungen, insbesondere Chlorhexidin-Lösungen, weil diese auch die säure-erzeugenden Bakterien vermindern.

Und dann nichts wie hin zum Zahnarzt!

Selbstverständlich ist das nur eine Möglichkeit von vielen, Schmerzen an geschädigten Zähnen zu bekommen. Alles, was die empfindlichen Zahnnerven im Zahn stört, wird als Schmerz wahrgenommen. Ein heißes oder kaltes Getränk reicht da schon, wenn erst einmal der schützende Zahnschmelz weggeschrubbt ist oder gar irgendwo ein Loch entstanden ist.

Wie gut, dass es Zahnärzte gibt!

Parodontitis

Wir können unsere Zähne hauptsächlich durch zwei Erkrankungen verlieren:

1.) Durch Karies, also Löcher in den Zähnen
Das muss heutzutage nicht mehr sein. Sauber halten, selten Zucker in den Mund nehmen sowie Fluoridierung sind das Geheimnis kariesfreier gesunder Zähne.

2.) Zahnverlust durch Parodontitis, also Entzündung, Erkrankung und letztlich Abbau des Zahnhalteapparates. Das Zahnfleisch geht zurück, die Zähne scheinen länger zu werden und lockern sich bis zum Ausfallen.
Hier ist eine wirksame Behandlung manchmal nicht so einfach. Doch auch hier sind **saubere Zähne** das beste Gegenmittel. Und durch **Nicht-Rauchen** können Sie bereits erheblich zur Gesunderhaltung Ihrer Zähne beitragen. Heißer Rauch zerstört nicht nur die Lungen, sondern bereits die Mundschleimhaut; Chirurgen weigern sich oft nicht ohne Grund, bei Rauchern Implantate, also künstliche Wurzeln, zu setzen. Die Einheilung wäre viel zu ungewiss.

Doch der Reihe nach.
Wie kommt es zu Zahnlockerungen, zu Parodontitis?

Parodontitis ist eine Entzündung um den Zahn herum, verursacht durch Zahnbelag, also Bakterien. Am gebräuchlichsten ist der Ausdruck Parodontose; korrekt sollte es jedoch Parodontitis heißen. "...itis" bedeutet Entzündung, und um eine solche bakterielle Infektion handelt es sich ja.

Zu Beginn ist nur das Zahnfleisch betroffen; der Zahnarzt spricht von Gingivitis (Gingiva = Zahnfleisch). Ah, sagen Sie jetzt, also Zahnfleischentzündung. Korrekt! Erstes Anzeichen kann Blut sein, das Sie beim Ausspucken/Ausspülen nach der Reinigung bemerken. Falls die Zähne weiterhin nicht sauber gehalten werden, gelangen die Bakterien am Zahn entlang auf dessen Wurzeln und den umgebenden Kieferknochen. Dieser Kieferknochen wird im weiteren Verlauf immer weiter zerstört.

Jetzt handelt es sich um eine Parodontitis, übersetzt "Entzündung um den Zahn herum." Dann wird der Zahn locker; oft kommt Eiter aus dem Spalt zwischen Zahn und Zahnfleisch. Das nennt sich dann "**Aktive Tasche**".

Einige Wissenschaftler sagen, nicht die Bakterien seien schuld, sondern die mangelnde Abwehr der Patienten. Egal: Sind die Bakterien weg, ist auch die Parodontitis im Griff. Jedenfalls meistens. Gilt nämlich leider nicht hundertprozentig. Es gibt noch andere Mit-Ursachen der Parodontitis. Zum Beispiel Fehlbelastungen und Überlastungen beim Kauen, die an den Zähnen Hin- und Herbewegungen verursachen und diese dadurch lockern. Durch solches Hin- und Herbewegen, man sagt auch wackeln oder nackeln, lockert und entfernt man bekanntlich auch einen Nagel, der aus einem Holzbrett heraussteht. Ist bei den Zähnen genauso. Kommt vor allem dann vor, wenn nach dem Verlust von Zähnen nur noch wenige Restzähne die ganze Kaukraft tragen müssen. Da ist es dann Aufgabe des Zahnarztes, Abhilfe zu schaffen.

Zumeist ist also bei Parodontitis das Zahnfleisch gerötet und geschwollen; beim Zähneputzen oder Essen blutet das Zahnfleisch; man hat einen schlechten Geschmack im Mund und Mundgeruch. Bei Rauchern fehlen diese Hinweise jedoch oft; hier erkennt man eine

Parodontitis meistens nur an stark zurückgehendem Zahnfleisch, die Zähne erscheinen länger.

Was können Sie tun?

Lassen Sie es auf jeden Fall nicht soweit kommen, dass Ihre Zähne locker werden. Gehen Sie rechtzeitig zu einem Zahnarzt. Er misst nach, wie fest die Zähne im Kiefer sitzen, beurteilt gegebenenfalls eine Zahnfleischentzündung, fertigt spezielle Röntgenbilder an und entfernt und verhindert Ablagerungen auf den Wurzeloberflächen Ihrer Zähne, manchmal unter Zuhilfenahme von Medikamenten.

Hilfsmittel aus der Apotheke können dabei helfen; allerdings bekommen Sie alleine mit solchen Tinkturen, Salben, angeblich speziell wirksamen Zahnpasten oder gar nur mit Zahnfleischmassage eine Parodontitis nicht gestoppt, wenn Ihre Zähne nicht sauber sind. Immer muss eine Reinigung der Zahnoberflächen erfolgen, die Zähne müssen immer sauber bleiben. Entschuldigung für die Wiederholung, aber genau darum geht es.

Die Diagnose "Parodontitis" heißt nicht zwangsläufig, dass nun alle Ihre Zähne über kurz oder lang verlorengehen. Bei Parodontitis gibt es immer wieder erstaunliche Zahnfestigungen. Voraussetzung dafür ist zuerst eine gründliche Säuberung der Zahnoberflächen einschließlich deren Wurzeloberflächen durch den Zahnarzt sowie gegebenenfalls Bekämpfung von Bakterien mit Medikamenten (das ist die sogenannte Parodontalbehandlung, verkürzt dargestellt), danach eine **sorgfältige ununterbrochene Sauberhaltung Ihrer Zähne durch Sie selbst zuhause** und selbstverständlich **Verzicht auf Rauchen**. Nur durch gewissenhafte Zahnreinigung kann die Bildung von Belägen auf den Zähnen und deren Wurzeln (man spricht auch von Biofilm) verhindert werden.

Ebenso wichtig ist der weiterhin regelmäßige Besuch beim Zahnarzt, damit neue Zahnfleisch-Entzündungen und das Wiederaufflammen einer Parodontitis schnell entdeckt und Maßnahmen dagegen ergriffen werden können. Als besonders wirksam hat sich dabei eine **regelmäßige Professionelle Zahnreinigung (PZR)** erwiesen, die auch von der Stiftung Warentest empfohlen wird.

Nach bereits eingetretenem Zahnverlust lohnt es sich besonders, die restlichen eigenen Zähne durch optimales Sauberhalten noch lange zu erhalten. Erfordert etwas Anstrengung, richtig. Ihre Zähne sollten es Ihnen wert sein. Es sind immerhin Ihre Zähne, es ist Ihre Lebensqualität.

Prophylaxe sichert gesunde Zähne

Die Stiftung Warentest schreibt im Ratgeber Zähne:
"Wer wirklich Wert auf intakte Zähne und gesundes Zahnfleisch legt, kommt um eine Professionelle Zahnreinigung nicht herum."
Das schreibt eine Institution, die ganz bestimmt nicht im Verdacht steht, zu viel für Zahnärzte übrig zu haben.
Was ist da dran?

"Aber Herr Doktor, was soll ich denn noch tun? Ich putze doch schon drei Mal am Tag!"
Hört sich jeder Zahnarzt ständig an.

Tatsächlich sehen Zahnärzte immer wieder liebe Patienten, die sich wirklich alle Mühe geben, saubere Zähne zu erreichen. Und sie schaffen es halt nicht so, wie es sein sollte. Da hilft dann eine professionelle Zahnreinigung in regelmäßigen angepassten Abständen. Und selbstverständlich ein gemeinsames Verbessern der häuslichen Eigenpflege. Lassen Sie sich helfen! Vermeiden Sie Fehler bei der Gesunderhaltung Ihrer Zähne! Es geht immer wieder um das Gleiche:

— Zu harte Zahnbürste, die die Rinnen um die Zähne herum nicht reinigen kann, weil die steifen unflexiblen Borsten dort nicht hingelangen
— zu fester Druck beschädigt langfristig die Zähne
— gnadenloses langdauerndes Hin- und Herschrubben reibt die Zahnhälse kaputt
— manchmal werden nur die Backenzähne, manchmal nur die vorderen Zähne gereinigt
— es wird eine Zahnpasta ohne Fluorid verwendet
— die Nischen zwischen den Zähnen bleiben voller Essensreste

Ach, die Liste lässt sich fast unendlich fortsetzen. Es gibt nichts, was es nicht gibt. Deshalb ist eine individuelle gemeinsame Untersuchung und Beratung wichtig. Weshalb sollen ausgerechnet Sie die gleichen Fehler anderer Patienten wiederholen, die ein Zahnarzt bereits kennt?

Dann gibt es auch wieder Leute mit astreinen Zähnen, die dennoch zur Prophylaxe kommen, wenn auch seltener.
Frage an einen derart zahngesunden Mitmenschen: "Weshalb gehen Sie zur Prophylaxe?" "Damit alles so gesund bleibt!" Er hats erkannt.

Dank Prophylaxe, die von den Krankenkassen für 6-17 Jährige gefördert wird, sind heutzutage gesunde Zähne bei jungen Leuten normal. Wenn da im Leben nichts dazwischenkommt, werden sie nie eine Totalprothese brauchen. Ja, es ist überhaupt nicht einzusehen, weshalb sie auch nur irgendeinen Zahn verlieren sollten (mit Ausnahme der Weisheitszähne, die Probleme machen können, und die deshalb manchmal entfernt werden).
Wenn das nicht hoch erfreulich ist!

Was wird bei einer PZR = Professionellen ZahnReinigung gemacht?

Prophylaxe in der Zahnarztpraxis ist mehr als eine professionelle Zahn-reinigung: Es ist eine Summe wirksamer Vorbeugungsmaßnahmen.

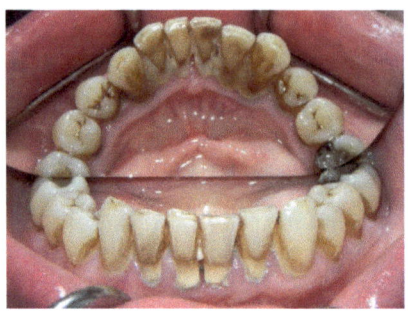

Vor professioneller Zahnreinigung
Unterkieferzähne von vorn und
Innenseite im Spiegel

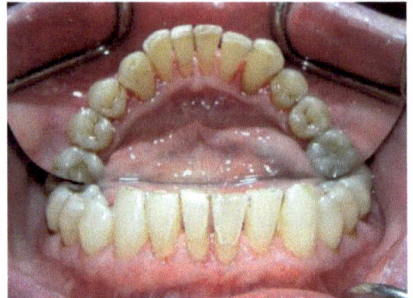

Nach professioneller Zahnreinigung
Unterkieferzähne von vorn und
Innenseite im Spiegel

An diesen Bildern sieht man deutlich, wie Zahnstein das Zahnfleisch verdrängt und wegschiebt. Das muss durch rechtzeitige Zahnsteinentfernung verhindert werden.

So könnte eine Prophylaxe-Sitzung aussehen:

1. **Wie ist der Zustand Ihrer Zähne und des Zahnfleisches?**
   Versteckte Zahnbeläge werden angefärbt, also sichtbar gemacht,
   und Ihnen gezeigt
   Die Festigkeit Ihrer Zähne wird gemessen
   Ist das Zahnfleisch entzündet?
   Gibt es Veränderungen seit letztem Mal?

2. **Professionelle Reinigung bis zum Hochglanz**
   Mit Ultraschallgeräten und Handinstrumenten wird fester
   Zahnstein entfernt
   Ein Pulverstrahlgerät lässt hartnäckige Ablagerungen von Kaffee
   und Tee sowie Raucherbeläge verschwinden
   Nun werden die Zähne mit Polierpasten poliert
   Der Zungenrücken mit darin versteckten Bakterien wird gereinigt
   Zahnzwischenräume werden mit Zahnseide und kleinen Bürstchen
   gereinigt; die Handhabung wird Ihnen gezeigt und mit Ihnen geübt
   Superfloss dient zur Reinigung unter Brückengliedern und
   Implantat-Kronen, falls vorhanden
   Herausnehmbarer Zahnersatz wird in speziellen Ultraschallgeräten
   gereinigt und gegebenenfalls im zahntechnischen Labor auf
   Vordermann gebracht

3. **Schutz der Zahnoberflächen**
   Antibakterielle Gele und Fluoridlacke werden aufgetragen

4. **Ihre Fragen werden beantwortet**: Was möchten Sie wissen?

5. Sie erhalten auf Sie angepasste **Ratschläge für die Zahnpflege
   zuhause**

6. Man hilft Ihnen bei der **Auswahl der für Ihre Zähne geeigneten
   Hilfsmittel und übt deren Anwendung an Ihren Zähnen in der
   Praxis**

Fast alle Patienten sind voll des Lobes. Das schönste Lob lautet immer:
*"Seit ich regelmäßig zur Prophylaxe gehe, haben meine Zähne nichts
mehr. Früher war immer wieder etwas kaputt, jetzt bleibt alles in
Ordnung."*

Naja, zaubern können wir Zahnärzte auch nicht. Abnutzung und sagen
wir mal Materialermüdung gibts immer – dennoch kein Vergleich mit
der ewigen Reparatur-Zahnmedizin früherer Jahre.

Und noch was Entscheidendes: **Prophylaxe = Vorbeugung fängt zu Hause an**.

Die Professionelle Zahnreinigung (PZR) beim Zahnarzt ist nicht der Ablass, den man bezahlt, um die Sünden schmutziger Zähne und Zahnschäden durch Zucker ungeschehen zu machen. Schön wärs.

Gesunde Zähne gibts zuerstmal zuhause: Durch seltene Zuckerbelastung, durch saubere Zähne sowie durch Verwendung von Fluoriden in Zahnpasten und Speisesalz.

Das ging schief

Diese 73jährige Rentnerin hat sich in den Kopf gesetzt, nie einen Pfennig oder Cent in einer Zahnarztpraxis zu lassen. Dafür war und ist sie bereit, ihre Zähne regelmäßig fest und lang zu putzen – in der Annahme, daß sie dann sowieso keinen Zahnarzt brauche.

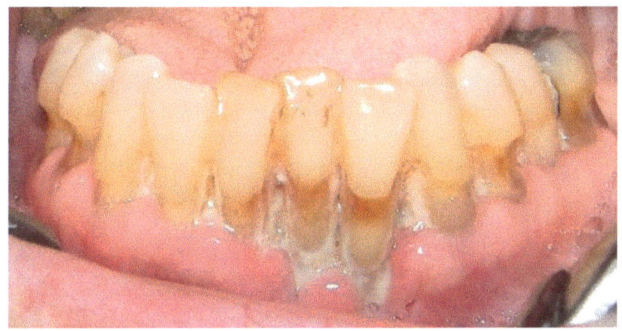

Hier sieht man das traurige Ergebnis dieser jahrelang verbissen durchgehaltenen Zahnerhaltungsanstrengungen. Die Backenzähne haben an den Zahnhälsen **schwere Putzschäden** (Kerben). Dort im Backenbereich wird die Zahnbürste durch die Wange geführt, so dass Hin- und Herschrubben leicht fällt. Die Vorderzähne dagegen zeigen **massive Schmutzbeläge** am Zahnfleischrand. Sie wurden scheinbar länger – in Wirklichkeit hat sich der Kieferknochen weit abgebaut. Die Zähne sind locker, und bei jedem Biß schmerzen sie. An diesen Vorderzähnen lässt sich die Zahnbürste schwerer benutzen; bei ungeschickten heftigen Bewegungen kann man sich schon mal das Teil in die Nase rammen. Und das führt dazu, dass dieser Bereich komplett ungereinigt bleibt.

Wie einfach wäre es gewesen, sich im Rahmen einer professionellen Prophylaxe (PZR) in einer Zahnarztpraxis rechtzeitig über diese Dinge zu informieren. Auch ein Blick in den Spiegel zuhause hätte helfen können. Schade – dumm gelaufen. Voll unnötig.

Zahnschmerz macht Herzschmerz

Wussten Sie's?:
Vor jeder Organtransplantation werden die Empfänger zum Zahnarzt geschickt!
Nur bei sauberem gesundem Mund wird transplantiert. Sonst drohen Entzündungen und Komplikationen übelster Art durch Mundbakterien.

Man weiß heute, dass die Zahngesundheit, dass ein sauberer Mund auch Einfluss auf die allgemeine Gesundheit hat:
Tatsächlich besteht ein Zusammenhang zwischen "schlechten Zähnen" – das heißt Zahnfleischentzündungen oder Kariesbefall – und Herzkrankheiten:
Menschen mit Zahnfleischentzündungen leiden deutlich häufiger an Herzerkrankungen als Menschen mit gesunden Zähnen. Shocking!

Dieses Thema ist so dramatisch wichtig und aktuell, dass an vielen Zahnkliniken eigene Forschungsabteilungen dazu eingerichtet wurden.

Also nicht vergessen:

Mit sauberen gesunden Zähnen kann man Herz- und Kreislauferkrankungen vorbeugen

Fissurenversiegelung

Ja – das gibt es. Und es hilft. Fissuren sind die Zahnfurchen auf den Kauflächen, die wegen der engen und tiefen Spalten nicht gereinigt werden können. Keine Zahnbürste schafft das. Bei der Fissurenversiegelung werden nun diese Spalten mit fließfähigem Material gefüllt. Ohne Bohren, wohlgemerkt. Tolle Sache.

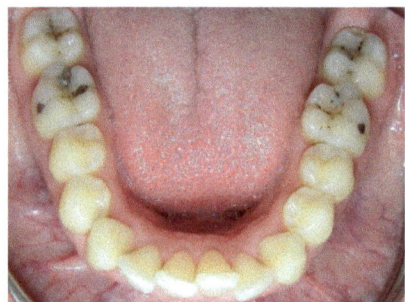
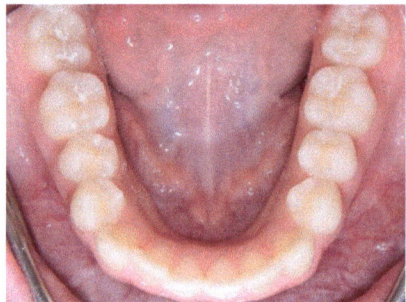

Katharina (16)   Friederike (16)
ohne Fissurenversiegelung   mit Fissurenversiegelung

Was leider immer noch nicht überall bekannt ist:

Die gesetzlichen Krankenkassen bezahlen für 6-17Jährige diese Fissurenversiegelung an den bleibenden großen Backenzähnen. Daran sieht man, wie wichtig und erfolgssicher diese Methode sein muss – sonst würden sich die Kassen nicht so engagieren. Nie wieder riesengroße Amalgamfüllungen auf den Kauflächen!

Wir alle sind schnell bei der Hand, "die da oben" zu kritisieren und alles besser zu wissen. Hier jedoch wird eine **ideale kariesverhindernde Maßnahme für Kinder und Jugendliche kostenlos** angeboten! Danke an "die da oben" – im Namen vieler gesundbleibender Zähne!

Noch vor wenigen Jahrzehnten war es eine Sensation, wenn sich jemand zum "Club der Kariesfreien" zählen durfte. Heute ist das die Regel – auch dank Fissurenversiegelung.

Vorbild Eltern

Saubere Zähne fangen beim Vorbild der Eltern an

Zahnreinigung ist etwas Normales, nichts Geheimnisvolles: Lassen sie die Badezimmertür dabei auf; Kinder dürfen, ja sollen zuschauen. Nehmen Sie Ihren Kindern das Tabu "Mundhöhle". Verlieren Sie die Scheu vor dem Zeigen der eigenen Zähne: Saubere Zähne kann man zeigen!

Und dann die Realität: Wie viele Patienten haben sich noch nie ihre eigenen Zähne mit offenem Mund im Spiegel angeschaut! Schade. Diese Zähne gehören zu Ihnen!

Ihr Kind hat Angst vorm Zahnarzt?
Stellen Sie sich vor, Sie und Ihr Kind haben gesunde Zähne: Weshalb soll man dann Angst haben? Also ist doch eine gewissenhafte Zahnpflege das beste Mittel, um frohgemut jedes halbe Jahr zum Zahnarzt zu gehen!
Seien Sie als Eltern bei der Zahnpflege ein Vorbild für Ihre Kinder.

Leider zeigt die Erfahrung, dass man **bei Kindern bis etwa zum 8. Lebensjahr nachreinigen** sollte. Das nennt sich Erziehung.
Sie haben die Wahl – und die Verantwortung.

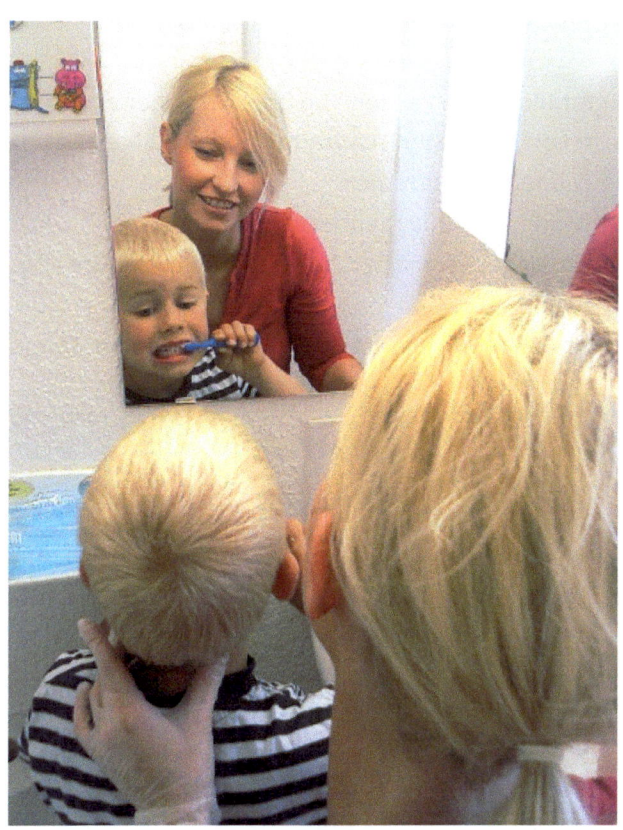

Ich schaff das!

Weshalb haben die Kinder von Zahnärzten gesunde Zähne?

Einfache Antwort:

Weil die Prophylaxe ernst genommen wird:

- Es gibt nicht den ganzen Tag über Süßigkeiten, auch nicht in Form von "Zwischenmahlzeiten" oder Süßgetränken
- Die Zähne sind fluoridiert
- Der Mund ist immer sauber
- Regelmäßiger Zahnarzt-Check; Die Zahn-Fissuren sind versiegelt
- Regelmäßige professionelle Prophylaxe in der Zahnarztpraxis

Mehr steckt nicht dahinter. Nur: Die tun halt wirklich was für ihre Zahngesundheit.
Das können Sie auch!

Machen Sie Ernst mit Zahnpflege, mit gesunden Zähnen, mit Zahnerhaltung!
Setzen Sie die Erkenntnisse der Wissenschaft konsequent um!

"Mein Kind soll es einmal besser haben"

Werbesprüche

Werbung soll informieren. Gut so.
Das Problem dabei: Die Gewichtung der Werbeaussagen.

Ein drastisches Beispiel: An einer staubigen Fernstraße in der
afrikanischen Savanne steht ein riesiges Werbeschild:
"Cola is the Best!"
Eine einheimische Mami läßt sich das von einem Touristen übersetzen
– und gibt ihrem Säugling fortan nur noch Cola: Ist ja schließlich das
Beste.

Ja – Sie lachen. Solche falschen Interpretationen kommen jedoch auch
bei uns vor.

Nehmen Sie mal eine Zahnpastaverpackung. Da steht ungeniert der
flotte Spruch:
"Kompletter Non-Stop-Schutz für 12 Stunden"
Schlichte Gemüter könnten daraus schlussfolgern, dass die Zähne
gesund bleiben, wenn man nur morgens und abends mit exakt dieser
Zahnpasta reinigt.
Welch ein Irrtum.

Reinigen Sie Ihre Zähne spätestens dann, sobald süße Essensreste dran
kleben!

Wenn Sie sich nur auf Werbesprüche wie "schützt 12 Stunden"
verlassen, dann sind Sie verlassen.

Nicht nur morgens und abends sind saubere Zähne angesagt!

Populäre Irrtümer

Die Liste mit gefährlichen, dennoch weitverbreiteten Irrtümern ist lang. Einige Beispiele:

- *Ein Zahn mit einer Füllung oder ein überkronter Zahn kann kein Loch mehr bekommen*
  Großer Irrtum. Am Füllungs- und Kronenrand kann es sehr wohl neue Karies geben. Füllungen verhindern keine neuen Löcher!

- *Am liebsten hätte ich alle Zähne raus, dann gäbe es keine Probleme mehr*
  Schön wär's. Dann ist es aus mit festem Zubeißen – Prothesen liegen auf dem Zahnfleisch, und darauf kaut es sich nur schmerzhaft. Es kann Druckstellen geben, Anpassungen (Unterfütterungen) werden immer wieder fällig – nicht so prall. Warum geben so viele Menschen viel Geld für Implantate aus?

- *Egal was ich mache – es endet sowieso mit den "Dritten"*
  Schlichtweg falsch. Eine Prothese muss wirklich nicht sein.

- *In meinem Alter lohnt es sich nicht mehr, etwas für die Zähne zu tun*
  Das Gegenteil ist der Fall: Im höheren Alter entstehen genug andere gesundheitliche Probleme, da sollte man wenigsten bei den eigenen Zähnen für Lebensqualität sorgen und sie sauber und gesund halten.

- *Und noch eine Antwort zum Thema "Ich lebe sowieso nicht mehr lang":*
  Von wegen. Wer kann das wissen? Oft steht noch ein ganzes Drittel des aktiven Lebens offen, wenn ich solche Sprüche höre. Da lohnen sich doch gute gesunde Zähne!

- *Jetzt vor der Heirat (oder auch: Jetzt vor der Rente) lasse ich mir die Zähne neu machen, dann brauche ich nie mehr einen Zahnarzt*
  Funktioniert leider so generell nicht. Füllungen und Zahnersatz halten als Reparatur-Ersatz selten so lang wie die Originalzähne. Und Pflege muss immer sein.

- *Implantate können nicht erkranken, die sind lebenslänglich stabil*
  Denkste. Implantate sind künstliche Wurzeln, und um diese Wurzeln herum kann es genausogut Entzündungen und Knochenabbau geben wie um einen natürlichen Zahn auch. Und dann geht das Implantat verloren wie ein Zahn mit Parodontitis.
  Saubere gesunde Zähne – saubere stabile Implantate.

- *Bei mir geht alles kaputt, obwohl ich schon 3 Implantate habe*
  Siehe den vorigen Punkt. Ohne Pflege funktionieren weder Zähne noch Implantate auf Dauer.

- *Meine Parodontose (Parodontitis) ist nach der Zahnarztbehandlung geheilt. Dr. XY hat sie beseitigt*
  Hey: Ratzfatz ist wieder eine Entzündung da, wenn nicht sauber gehalten wird.

- *Zucker ist wichtige Nervennahrung; je mehr, umso besser*
  Ha. Über die schädlichen Wirkungen von Zucker gibt es
  kiloweise Bücher. Will nur niemand lesen.
  Immerhin kann ich Sie trösten, sollten Sie es gerne süß mögen:
  Wenn Sie es nicht übertreiben, gelingt auch bei (geringem,
  seltenen) Zuckerverzehr ein kariesarmes Dasein. Bei
  andauernd mit zuckerhaltigem Zahnbelag verklebten Zähnen
  haben Sie allerdings keine Chance, gesunde Zähne zu
  behalten.

- *Jedes Kind kostet die Mutter einen Zahn*
  Dieser Spruch kommt nicht von ungefähr. In der
  Schwangerschaft wird das Gewebe aufgelockert, und so lässt
  sich eine leichtere Entzündungsbereitschaft des Zahnfleisches
  schon aufgrund geringer ungereinigter Stellen im Mund
  erklären. Dagegen hilft noch größere Sorgfalt bei der
  Zahnreinigung – und schon kann man den Spruch vergessen.

- *Ich habe einen guten Zahnarzt, deshalb bleiben meine Zähne
  gesund*
  Danke für die Blumen – doch letztlich entscheidet Ihre
  eigene Zahnpflege, ob Ihre Zähne sauber sind und gesund
  bleiben. Lebenslang.

Alles klar? Glückwunsch!

Ausreden?

Wenn ich als Zahnarzt einen Patienten auf vorhandene Zahnbeläge hinweise (also nicht gereinigte Zähne, was zu Löchern führen kann), dann sind Abwehrreaktionen alltäglich und irgendwie auch verständlich. Nur: Helfen dann Ausflüchte? Oder wäre es nicht besser zu sagen: OK, sehe ich ein, mit Zahnbelägen können meine Zähne nur schlechter werden.

Kleine Beispiele von Ausreden, wie ich sie immer wieder höre:

- *Meine Mutter hatte auch schlechte Zähne*
  → Jeder wird mit gesunden Zähnen geboren. Karies wird nicht vererbt!
- *Meine Oma hatte auch schon früh ein Gebiss*
  → Wie gut, dass wir derzeit nicht in Kriegszeiten leben, dass wir heute mehr wissen als früher
  → Zahnlosigkeit muss heutzutage nicht mehr sein, auch nicht im hohen Alter
- *Alle Behandlungen helfen bei mir nicht, ich habe eben schlechte/weiche Zähne*
  → Wetten, dass Ihre Zähne nicht immer sauber sind?
- *Als Kind hat mir mal ein Zahnarzt arg weh getan*
- *Ein Zahnarzt hat mich falsch behandelt, er hat meine Zähne ruiniert*
- *Meine schlechten Zähne kommen durch einen schlechten Zahnarzt*
- *Ich habe schon viel mitgemacht bei schlechten Zahnärzten*

- *Ich hatte schon immer Angst vorm Zahnarzt, weil mir mal einer weh getan hat*

oder noch subtiler:

- *Das hat mir noch kein Zahnarzt gesagt*

Alle diese Aussagen haben eines gemeinsam:
Sie geben anderen die Schuld an den eigenen ungereinigten Zähnen.

Das funktioniert nicht. So gehen Ihre Zähne – ja: IHRE! – weiter kaputt.
Ausreden: NEIN!
Die eigenen Zähne selbst sauber halten!

Zahnerhaltung hat nichts mit Schicksal zu tun.

Stehen Sie zu Ihrer Eigenverantwortung für Ihre eigene Gesundheit, zeigen Sie Eigeninitiative:
Sie tun es für sich selbst.
Sie selbst bestimmen über Ihr Leben, über Ihre Zähne – niemand sonst.

Sagen Sie ja nicht, Sie hätten das alles nicht gewusst – spätestens jetzt wissen Sie es.

Gute gesunde Zähne nur für Reiche...

...meinen zumindest regelmäßige Fernsehsendungen jahraus, jahrein.

"Gesunde Zähne sind für immer mehr Menschen in Deutschland kaum noch bezahlbar" – so heißt es dann.

Das ist Humbug. **Gesunde Zähne gibt es von der Natur kostenlos.** In diesen Sendungen sind dagegen künstliche Zähne gemeint, also Zahnersatz. Das wird fast nie deutlich gesagt.

Jeder Mensch bekommt 2 Sätze gesunde Zähne kostenlos; erst die dritten, also Zahnersatz, muss er selbst bezahlen. Aber nur dann, wenn die eigenen Zähne zerstört sind. Dagegen könnte man ja was machen...

Herausnehmbarer Zahnersatz wird weitgehend von den Krankenkassen bezuschusst, sollte also bezahlbar sein. Außerdem gibt es dazu weitere Zuschüsse in Härtefällen.

Festsitzender Zahnersatz dagegen ist aufwändig und erfordert entsprechende Privatleistungen; das kann in der Tat ins Geld gehen, vor allem, wenn Implantate im Spiel sind. Hat aber nichts mit gesunden Zähnen zu tun, sondern mit exklusivem hochwertigstem Zahnersatz, wenn die ehemals gesunden Zähne zerstört sind.

Bei guter Pflege der eigenen gesunden Zähne halten diese jedoch ein Leben lang, so dass auch keine Kosten für Zahnersatz entstehen.
Je besser die Pflege, umso weniger wahrscheinlich entstehen Zahnersatzkosten!
Auch Zuzahlungen bei z. B. aufwändigen Wurzelkanalbehandlungen ließen sich oft mit besserer Pflege der eigenen Zähne vermeiden.

Solche Fernsehsendungen erwähnen leider nicht, dass Zahnschäden durch Zahnpflege vermieden werden könnten. Saubere Zähne, Prophylaxe und damit Schadensvermeidung kommen darin so gut wie nie vor.

Das ist purer einseitiger Sensationsjournalismus, der niemandem hilft.

Professionelle Prophylaxe beim Zahnarzt kostet allerdings Geld, das ist richtig.

Und da die gesetzlichen Krankenkassen diese professionelle Prophylaxe beim Zahnarzt zwar bezuschussen, aber eben nicht vollständig bezahlen, bleibt ein Eigenanteil.

Auch bei privat Versicherten ist nicht alles "umsonst". Zum einen sind in etlichen Verträgen sowie bei der staatlichen Beamten-Beihilfe die Ausgaben für Prophylaxe begrenzt. Zum anderen wollen sich viele Privatpatienten die Jahresprämie sichern, die es nur dann gibt, wenn man keine Rechnungen zur Erstattung einreicht. Deshalb allerdings auf eine professionelle Prophylaxe zu verzichten, wäre am falschen Ende gespart.

Wie auch immer Ihre persönliche Situation sein mag: Sie geben Ihr Geld für sich selbst aus, für eigene gesunde Zähne:

Ihre Gesundheit ist Ihre beste Investition!

Dieses Kapitel fehlt

Sie finden hier nichts über **Kariesrisikotests**. Ja doch, sowas gibt es in Form von **Bakterien- und Speichelmessungen**. Unwichtig? Nein, beileibe nicht. Zur Motivation und in Spezialfragen gewiss hilfreich. Nur:

Gute Gesunde Zähne bekommen Sie nicht durch diese Tests.

KLARTEXT finden Sie auf der nächsten Seite…

KLARTEXT - der darf nicht fehlen - hier ist er

Nummer Eins:
Zuckerhaltiges ist schädlich für die Zähne, besonders wenn es lange anhaftet.
Zucker ist das Erzübel von Zahnerkrankungen.

Nummer Zwei:
Fluorid trägt erheblich zur Kariesvermeidung bei.
Zahnpasten mit Fluorid und fluoridiertes Speisesalz verhindern Löcher in den Zähnen.

Nummer Drei:
Wo **Zahnbelag** liegt, entstehen Zahnlöcher.
Falsches Zähneputzen reinigt nicht alle Zahnoberflächen.

Nummer Vier:
Man kann seine Zähne durch zu kräftiges und zu langes Hin- und Herschrubben schädigen.

Nummer Fünf:
Eine halbjährliche, von den Krankenkassen bezahlte Untersuchung in einer Zahnarztpraxis, am besten verbunden mit Prophylaxemaßnahmen, beugt Zahnschäden vor.

Gut zu wissen.

So wird's 100% richtig gemacht

1.) Bakterien vermindern:
  a) Bakterien durch Mundreinigung vermindern
  - nach jedem Essen Mund reinigen, wenigstens ausspülen
  - zumindest morgens und abends eine eher weiche Zahnbürste mit weichen aufgefächerten Borsten benutzen, die möglichst gut in die Zahnzwischenräume und die Rinnen zwischen Zähnen und Zahnfleisch kommt
  - Zahnseide anwenden, um auch die engen Zahnzwischenräume und die Kontaktflächen Zahn-zu-Zahn komplett zu reinigen
  b) Bakterien mit chemischen Mittel vermindern
  - Anwendung einer antibakteriellen Mundspüllösung nach dem Bürsten und Zahnseideln
  - Mundspüllösung auch immer dann benutzen, wenn eine Zahnbürstenreinigung nicht möglich ist: Tagsüber nach dem Essen, oder abends vor dem Schlafengehen, wenn man ausnahmsweise mal zu müde für eine Zahnreinigung mit der Zahnbürste sein sollte

2.) Haushaltszucker = Rohrzucker = Rübenzucker als Hauptursache für Karies:
  a) Aufnahme dieses Zuckers insgesamt verringern
  b) Selten Süßes essen/trinken, nicht andauernd ununterbrochen neu zuführen

3.) Fluoridieren, Zahnoberflächen härten:

a) Zahnpasta mit Fluorid verwenden

b) Einmal in der Woche hochkonzentriertes Fluorid-Gel nach der Zahnreinigung einbürsten (aus der Apotheke, Zahnarzt befragen)

c) Zuckerfreies Kaugummi (z.B. mit Xylit) zur Speichelanregung kauen, insbesondere dann, wenn es keine Möglichkeit zum Reinigen oder Spülen gibt

Das wissen Sie jetzt

Gesunde Zähne – Gute Zähne – Schlechte Zähne: Alles kein Schicksal

- **Saubere Zähne bleiben gesund**
- **Essen Sie so selten wie möglich Süßigkeiten, insbesondere keine klebrigen, die lange an Ihren Zähnen hängen bleiben**
- **Schützen Sie Ihre Zähne durch Fluoride**

Zucker ist dabei die entscheidende Komponente bei der Entstehung von Zahnlöchern, von Karies.

Durch Fluoride lässt sich die Anzahl dieser Zahnschäden jedoch erheblich verringern, auch wenn die Zahnreinigung nicht immer optimal sein sollte.

Und falls Ihre Zähne zudem immer sauber sind, dann bleiben sie auch gesund.
Sie haben dann alles richtig gemacht – für Ihre eigene Gesundheit.

Viel Erfolg beim Erhalt Ihrer Zähne! SIE selbst können das erreichen!

Links zu weiteren Informationen

Aha – Sie glauben mir nicht alles, was hier geschrieben steht; Sie wollen sich weiter informieren?
Das Internet bietet fantastische Möglichkeiten! Hier werden Sie fündig:

Patienteninformationen der Bundeszahnärztekammer (BZÄK)
www.bzaek.de/fuer-patienten.html

Informationen der Dt. Gesellschaft für Zahn-, Mund- und Kieferheilkunde
http://www.dgzmk.de/patienten/patienteninformationen.html

Stiftung Warentest: Gesunde Zähne
www.test.de/shop/gesundheit-kosmetik/gesunde-zaehne-sp0225/

Aktion Zahnfreundlich e.V.
http://www.zahnmaennchen.de
Das Signet *Zahnmännchen mit Schirm* ist ein international geschütztes Warenzeichen der Aktion Zahnfreundlich e.V.
Ich bin Mitglied dieser gemeinnützigen Organisation zur Förderung der Zahngesundheit.

Informationen beim Zahnarzt

Zu guter Letzt

Die deutsche Sprache macht es einem nicht gerade leicht, korrekt auf den größten Unterschied zwischen den Menschen einzugehen: Dass es nämlich weibliche und männliche "Formen" gibt!
Wenn jedes Mal korrekt von "Patientinnen und Patienten" und "Zahnärztinnen und Zahnärzte" gesprochen wird, ist das Ganze holprig zu lesen. Deshalb bitte ich Sie um Verständnis dafür, dass ich nur die männliche Wortform verwende. Damit eingeschlossen meine ich selbstverständlich auch immer die "bessere Hälfte" der Menschheit! Das dient nur der Lesefreundlichkeit; eine Diskriminierung ist damit nicht beabsichtigt – wer käme auf so eine Idee?

Diese Seiten sind aufgrund vieler Fragen meiner Patienten entstanden. Ich danke allen wissbegierigen, an ihrer Gesundheit interessierten Patienten.

Wolf-Dieter Genz unterstützte mich mit umfassender technischer Hilfe beim Computern ("Geht nicht gibts nicht"). Thx!

Und ich danke besonders meiner Frau **Angelika Kohlbecker** für engagierte Hilfe hier und dort und überall.

Haftungshinweis

Wir übernehmen keine Haftung für den Inhalt dieser Seiten oder Schäden, die durch mittelbaren oder unmittelbaren Gebrauch der Informationen entstehen. Die hier für Sie bereitgestellten Gesundheits- und Medizininformationen dürfen weder als Ersatz für professionelle Beratung und/oder Behandlung durch approbierte Ärzte und Zahnärzte angesehen werden, noch dürfen aufgrund der Informationen eigenständig Diagnosen gestellt oder Behandlungen begonnen oder abgesetzt werden.

Alle Warenzeichen / Logos / Firmenzeichen und -namen etc. sind eingetragene Warenzeichen ihrer jeweiligen Besitzer und/oder werden als solche anerkannt.

Für den Inhalt der verlinkten Seiten sind ausschließlich deren Betreiber verantwortlich.